図解で 早わかり

最新 独占禁止法・景表法・下請法

弁護士
岩﨑 崇 監修

本書の3大特色

**企業活動に不可欠な独占禁止法、景表法、下請法の
しくみを平易に解説**

**「不公正」「不正」な取引や違法行為などへの
法規制がわかる**

問題解決やコンプライアンス体制構築に役立つ。
改正法、新法、通達など、市場動向を踏まえた
最新情報をフォロー。

三修社

はじめに

　公正取引委員会によれば、令和2年度において、独占禁止法違反行為について、延べ20名の事業者に対して、9件の排除措置命令を行っています。内訳は、私的独占1件、価格カルテル6件、入札談合1件、受注調整1件となっています。また、延べ4名の事業者に対して、総額43億円を超える課徴金納付命令を行っています。景表法については、新型コロナウイルスによる社会的影響が広まる中で、次亜塩素酸水や「新型ウイルス対応」を謳う商品の販売事業者に消費者庁が措置命令を行う事例が生じています。さらに、下請法についても、令和2年度には公正取引委員会から4件の勧告がなされています。

　独占禁止法、景表法、下請法は、公正で自由な競争を通じて、一般消費者の利益を保護し、国民経済の民主的で健全な発達を促進するための法律です。本書は、独占禁止法、景表法、下請法について知りたいと思っている方向けの入門書です。独占禁止法の全体像、独占禁止法が定める違反行為類型を紹介し、独占禁止法に違反した場合の効果とその対策をお伝えする他、景表法と下請法のしくみについても解説しています。独占禁止法については新たな課徴金減免制度等を定めた改正法が令和2年12月から施行されています。また、令和3年3月にはアルゴリズムやAIと競争政策に関する報告書が公表されるなど議論が活発化しています。

　下請法に関しても令和3年3月、下請代金の支払手段について新たな通達が発出され、下請代金の支払の更なる適正化が求められています。本書は、近年の市場動向を踏まえたこれらの最新の法改正もフォローしています。本書をご活用いただき、皆様のお役に立てていただければ監修者として幸いです。

監修者　弁護士　岩﨑　崇

CONTENTS

PART 7　　下請法のしくみ

巻末　参考資料

PART 1

独占禁止法の全体像

独占禁止法とは

· ·

市場での競争と消費者の利益を守る

■ どんな目的で制定されたのか

　独占禁止法は、競争原理の下で事業者が経済活動を行い、一般消費者の利益を確保し、国民経済の健全な発展を図ることを目的としています。事業者は経済活動を行う中で、お互いに競争をしています。競争の中では、多くの顧客を取り込めるよう事業者は努力をします。たとえば、商品やサービスの価格を安くしたり、商品やサービスの質の向上を試みたりしています。

　このように、事業者同士が市場の中で競争をすれば、事業者はより安くて質の高い商品を提供しようとするので、事業者同士の競争は商品やサービスを購入する消費者の利益につながります。

　しかし、事業者の行為によっては、市場での競争が失われてしまう場合もあります。

　たとえば、自動車を販売しているＡ社、Ｂ社、Ｃ社が話し合いをして、「自動車の価格はすべて500万円とする」という内容の協定を結ぶようなことがあると、自動車の価格競争が行われなくなります。自動車会社がＡ社、Ｂ社、Ｃ社の他にもあれば、消費者は500万円より安い自動車を買うことができます。しかし、自動車会社がＡ社、Ｂ社、Ｃ社の他になければ、消費者は500万円という高い価格の自動車を買わざるを得ません。

　当然ながら、「高い価格の商品を買わざるを得ない状況」は、消費者の利益になっている状況とはいえません。そのため、公正な競争を失わせるような事業者の行為を禁止し、消費者の利益を確保し、国民経済の健全な発展を図るために独占禁止法が制定されました。

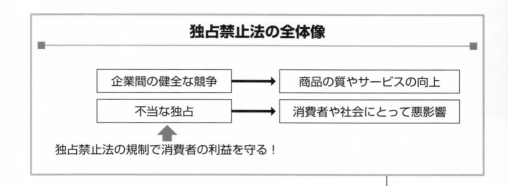

独占禁止法の全体像

企業間の健全な競争 ➡ 商品の質やサービスの向上

不当な独占 ➡ 消費者や社会にとって悪影響

独占禁止法の規制で消費者の利益を守る！

■ どんな構造になっているのか

　独占禁止法は、主に「私的独占」「不当な取引制限」「不公正な取引方法」という３つの行為を規制しています。

　私的独占とは、他の事業者を市場から排除したり、他の事業者を支配することで市場での競争を制限したりすることです。不当な取引制限とは、他の事業者と協力して市場での競争を制限する行為のことです。カルテルは不当な取引制限に該当します。

　不公正な取引方法とは、公正な競争を阻害するおそれのある行為のことです。個別の内容については独占禁止法で規定されているものと、公正取引委員会によって指定されているものがあります。具体的には、不当廉売や優越的地位の濫用などがあります。また、独占禁止法は、競争を制限することになる企業結合も規制しています。市場で競争している事業者同士が合併や事業譲渡、役員の兼任といった方法で結びつきを強めてしまうと、事業支配力が集中して市場での競争が失われます。そのため、一定の取引分野の競争を実質的に制限する企業結合が独占禁止法によって禁止されています。

　独占禁止法を運用している国の機関は、内閣府に設置されている公正取引委員会です。公正取引委員会は、独占禁止法に違反していることが疑われる事業者を調査して、独占禁止法違反の事案について検事総長に刑事告発を行うことができます。

公正取引委員会の権限

刑事告発をすること以外にも、独占禁止法に違反している事業者に対して、独占禁止法違反となっている行為を止めることなどの措置を命令する（排除措置命令）ことや、課徴金の納付を命令する（課徴金納付命令）ことを自ら行うこともできる。

企業結合

合併や事業譲渡など、企業間がお互いの利益のためにさまざまな形態で結びつくこと。

刑事告発

犯罪が疑われる事実を捜査機関に申告して刑事事件として処罰を求めること。

独占禁止法は何を規制するのか

企業の合併も規制される場合がある

■ どんな規制があるのか

　独占禁止法は、事業者間の公正かつ自由な競争を失わせるような行為をすることを制限しています。前述したように、事業者間の競争を失わせる行為のうち、独占禁止法は主に私的独占、不当な取引制限、不公正な取引方法の3つの行為を規制しており、これら3つに対する規制が、独占禁止法の中心的な規定になります。

① 私的独占

　他の事業者を排除・支配することによって市場での競争を失わせることをいいます。たとえば、パチンコ製造のために必要不可欠な部品を製造しているパチンコ製造業者が、パチンコ製造事業への新規参入事業者に対して当該部品の供給を拒否する行為は私的独占に該当します。パチンコの製造に必要不可欠な部品の供給をしないことで、新規参入事業者を「排除」しているからです。

② 不当な取引制限

　他の事業者と協力することで、人為的に市場での競争を失わせることをいいます。たとえば、A社とB社が商品の価格を100円前後に設定して競争していたが、A社とB社との間での話し合いの結果、商品の価格を200円に設定したとします。他にこの商品を販売している事業者がいれば、消費者はその事業者から商品を購入することができますが、その商品を販売しているのがA社とB社だけだとすると、消費者は高い200円の商品を買わざるを得ません。このようなA社とB社の行為が不当

独占禁止法の主な規制

```
          規制   私的独占
          ──▶    他の事業者を市場から排除したり、他の事業者を支配
                  することで市場での競争を制限すること

独占
禁止法    規制   不当な取引制限
          ──▶    他の事業者と協力して市場での競争を制限する行為

          規制   不公正な取引方法
          ──▶    不当廉売など、公正な競争を阻害するおそれのある行為
```

な取引制限になります。カルテルや入札談合は不当な取引制限に該当する代表的な例です。

③ 不公正な取引方法

　自由競争を失わせる手段として独占禁止法で規定されているものと、公正取引委員会によって指定されているものをいいます。たとえば、自分が相手の事業者よりも強い立場にあることを利用して相手の事業者に無理な要求をする優越的地位の濫用、商品を不当に安い価格で販売して同業他社を困らせる不当廉売、人気のある商品に人気のない商品を合わせて一つの商品として販売する抱き合わせ販売、自社とだけ取引をして同業他社との取引をしないことを条件に取引を行う排他条件付取引などが不公正な取引方法に該当します。

■ 立場の弱い者は保護される

　独占禁止法には、立場の弱い者を保護する規定があります。

　たとえば、優越的地位の濫用の禁止は、立場の弱い中小の事業者を主に保護するための規定です。優越的地位の濫用とは、自分より弱い立場にある事業者に対して不利益なことを強要す

カルテル
34ページ参照。

入札談合
34ページ参照。

公正取引委員会
独占禁止法の目的を達成するために内閣府に設置されている行政機関（独占禁止法27条）。

不当廉売
62ページ参照。

排他条件付取引
76ページ参照。

ることをいいます。優越的地位の濫用に該当する事例としては、大手のデパートを主要な取引先としている業者に対して、大手のデパートが自社の商品券を購入するよう強要することが挙げられます。主要な取引先である大手デパートの要求を断りづらいという業者の立場を悪用しているので、大手デパートの行為が優越的地位の濫用になります。

抱き合わせ販売も立場の弱い消費者を主に保護するための規定です。抱き合わせ販売とは、ある商品と他の商品を一緒に販売することをいいます。抱き合わせ販売の事例としては、ゲーム会社が、人気ゲームソフトと不人気ゲームソフトを一つの商品として販売し、人気ゲームソフトを手に入れるためには不人気ゲームソフトも一緒に購入せざるを得ない状態にしたケースが挙げられます。

このように、独占禁止法には、立場の弱い者を保護するための規定も置かれています。

■ カルテルや入札談合とは

カルテルとは、事業者間で商品の価格やその生産・販売数量などを調整するための協定を締結することをいいます。カルテルにはさまざまな種類があります。もっともわかりやすいのは価格を協定するカルテルです（価格カルテル）。同じ商品を販売している事業者同士が、商品の価格を高くするように協定を結べば、消費者は高い商品を買わざるを得なくなります。

互いの生産・販売数量を制限するカルテルもあります。つまり、商品をどの程度生産・販売するかどうかを競争している事業者同士の合意によって決定するカルテル（数量制限カルテル）です。このカルテルは、直接的に事業者同士の合意によって価格を決定しているわけではありません。

しかし、生産・販売数量を制限すると、市場で売られる商品の数が減少しますので、商品の価格は上昇することになります。

価格カルテル
32ページ参照。

互いの販売地域を分割する市場分割カルテルもあります。同じ商品を売っているＡ社とＢ社が、「Ａ社は東日本で、Ｂ社は西日本でのみ商品を販売する」というような協定を結ぶことは市場分割カルテルになります。このような協定が結ばれると、Ａ社とＢ社の間での競争がなくなるので、Ａ社とＢ社は商品の価格を高く設定することができます。

市場分割カルテル
42ページ参照。

また、入札談合（34ページ）とは、競争入札の際に入札者同士の話し合いによって落札者や落札金額を決めることをいいます。競争入札とは、国や地方公共団体が公共工事などを発注する際に、一番安い見積もりを出した業者に対して発注することをいいます。

競争入札
公共事業の発注の際、発注者側の国や地方公共団体などが事業内容と契約事項などを公告し、条件を満たす希望者同士で競争して契約者を決めること。

入札者同士で話し合いを行い、落札者や落札金額をあらかじめ決めておけば、落札者以外の入札者が高い価格の見積書を出すことで、落札者も高い価格で落札できます。これでは、注文者は損をすることになります。

カルテルや入札談合は、前述したように不当な取引制限に該当する行為であるため、独占禁止法によって禁止されています。

■ 企業結合規制という規制もある

独占禁止法には、企業結合規制という種類の規制もあります。会社の合併や事業譲渡、役員の兼任など、企業同士のつながりが強化されることに対する規制が企業結合規制になります。

企業結合
合併、株式交換などの会社法上の組織再編行為や企業買収のように、複数の企業が利益の拡大や経営合理化を目的として結合すること。

企業同士のつながりを強化することは企業にとってはメリットがありますが、企業結合がされることで市場での競争が失われる可能性があります。たとえば、商品の価格競争をしていた会社がすべて一社に合併してしまうと、合併以降に価格競争が行われなくなります。

そのため、市場での競争が失われてしまう場合、つまり一定の取引分野の競争を実質的に制限する場合には、独占禁止法によって企業結合に対して規制が及びます。

独占禁止法違反の判断基準

· ·

競争がなくなっているかどうかで判断する

■ 市場とは

　ある行為によって事業者間の競争が失われてしまう場合に、独占禁止法によってその行為が規制されます。その際の、競争が行われている場のことを市場といいます。特に、不当な取引制限について市場が問題となります。事業者の間で商品の価格に関する合意をしたとしても、異なる市場の商品の価格に関する合意であれば、事業者間の競争が失われることはないので、独占禁止法による規制を受けません。たとえば、自動車メーカーと牛乳メーカーが互いの商品価格について合意したとしても、自動車メーカーと牛乳メーカーは同じ市場で競争しているわけではないので、独占禁止法には違反しません。

　このように、自動車と牛乳であれば、市場が異なると即時に判断できます。しかし、実際には、さまざまな要素を考慮してケース・バイ・ケースで市場の範囲を考えなければならず、市場の範囲の確定は非常に難しい問題といえます。

　たとえば、牛乳メーカーとジュースメーカーが、互いの商品についての値段を一個あたり300円と高くするような合意を行ったとします。牛乳とジュースは飲み物という点では共通しているのだから、牛乳とジュースは「飲み物市場」という同じ市場で競争しているのだと考えることもできます。しかし、牛乳とジュースは味が違うのだから、全く別の商品であると考えれば、2つの商品は「牛乳市場」と「ジュース市場」という別の市場で販売されている商品ということになります。

　「同じ市場で販売されている商品かどうか」という点につい

**市場が問題となる
場合**

たとえば、飛行機と船は全く違う乗り物なので顧客の層も異なっており、航空会社と船舶会社が料金について協定を結んでも、会社同士の競争に影響はないようにも見える。しかし、東京－小笠原間を行き来する飛行機や船を運営する会社が料金を高くする価格協定を結ぶと、飛行機か船しか交通手段のない小笠原の住民は東京に行くために高い飛行機代か船代を支払わざるを得ない。小笠原の住民は、飛行機が利用できなければ船を、船が利用できなければ飛行機を使うので、飛行機と船の間には代替性がある。この場合は、「東京－小笠原を結ぶ交通機関の市場」で航空会社と船舶会社が競争しているので、航空会社と船舶会社が協定を結ぶことで競争が失われる。

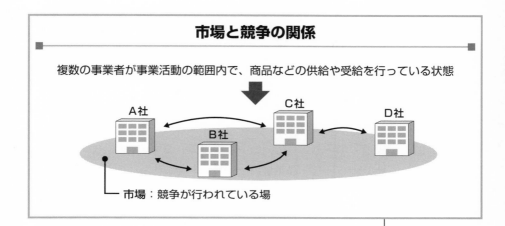

市場と競争の関係

複数の事業者が事業活動の範囲内で、商品などの供給や受給を行っている状態

A社　B社　C社　D社

市場：競争が行われている場

ては、互いの商品によって代替可能かという点から判断します。牛乳とジュースの事例では、「牛乳を飲めなくなったらジュースで代替し、ジュースを飲めなくなったら牛乳で代替する」ということを消費者が行っているのであれば、牛乳とジュースは同じ市場で販売されていることになります。

■ 競争とは

競争とは、複数の事業者が通常の事業活動の範囲内で、同種の商品等を供給（または役務を提供）したり、供給を受けたり（または役務の提供を受けたり）する状態のことをいいます。たとえば、同じ商品を同じ地域で販売しているA社とB社は、商品の供給について競争をしていることになります。

また、商品を供給する側だけではなく、商品を供給される側でも競争は起こります。商品を供給する側の競争とは、商品の売り手同士の競争になります。たとえば、消費者を相手にする商店同士の競争とは、売り手の競争です。逆に、商品を供給される側での競争とは、商品の買い手同士の競争になります。たとえば、商品メーカーを相手にする卸売店同士の競争は、買い手同士の競争です。競争が自由かつ公正に行われていると、事

業者はより安くて質の高い商品や役務を提供しようとしますから、商品やサービスを購入する消費者の利益につながります。反対に、自由かつ公正な競争が行われなくなると消費者の利益を害することになります。

　このような自由かつ公正な競争を失わせる（実質的に制限する）事業者の行為が独占禁止法によって禁止されており、これを「競争の実質的制限」と呼んでいます。

　たとえば、事業者同士が競争を制限することを合意するカルテルは、市場での競争を失わせることになります。通常は、事業者同士は、他の事業者よりも商品の価格を安くできるかという方向での競争をしていますが、事業者同士が商品の価格を高くすることで合意してしまうと、商品の価格競争が行われなくなってしまいます。また、他の事業者が事業を行えないように市場から締め出してしまうことも、競争を失わせる行為として独占禁止法で禁止されています。

■「公共の利益に反して」の意味

　独占禁止法は、「公共の利益に反して」いる行為を禁止しています。独占禁止法における「公共の利益」とは、基本的には自由な競争を意味しています。事業者同士が市場で競争することによって、消費者に「安くて良質な商品」が提供されることになるため、競争そのものが社会にとって利益になる「公共の利益」であると位置付けられているのです。ですから、自由な競争を制限する行為は原則として「公共の利益」に反していることになります。たとえば、事業者同士の話し合いで価格をコントロールするカルテルは、競争を失わせるような行為ですから「公共の利益に反する」行為です。

　しかし、「公共の利益」には、一般消費者の利益と経済の健全な発展という利益も含まれています。そのため、市場での競争を失わせる行為であっても、一般消費者の利益や経済の健全

競争を失わせるような行為

たとえば、ある市場に新規参入しようとしている事業者に商品の原材料を売らず、新規参入の事業者が商品を作れないようにすることは、競争を失わせる行為になる（取引拒絶）。本来なら、既存の事業者と新規参入の事業者の間で競争が行われていたはずであるにもかかわらず、その競争が行われなくなるためである。

公共の利益に反するかどうかの判断

独占禁止法の
規制対象　➡　公共の利益に反する行為
　　　　　　　　　　　⬇
一般消費者の利益や経済の健全な発展という利益を考慮して判断する
　　　　　　　　　　　⬇
競争を失わせる行為であっても、消費者の利益を守る行為であれば許される！

な発展という利益を守るものであれば、それは「公共の利益」に反しない行為になります。「公共の利益」には、市場での競争そのものだけではなく、一般消費者の利益や経済の健全な発展という利益も含まれているので、これらの利益を守る行為であれば「公共の利益に反しない」ことになるのです。たとえば、商品の安全や環境を守るために競争を実質的に制限する行為は、競争を失わせることになりますが、消費者の利益と経済の健全な発展を守る行為になるため、「公共の利益に反しない」と判断される場合があります。

　商品の安全性を守るために競争を失わせた事例としては、エアガンの安全性を守るために行われた行為があります。エアガン業界には、エアガンの安全性を守るための自主基準があり、ほとんどのエアガン業者はこの基準を守っていました。

　しかし、この自主基準を守らない事業者が出現し、基準を守らない事業者に対して、他のエアガン事業者がエアガン業界からの排除を試みました。他の事業者を市場から排除する行為は、市場での競争を失わせる行為ですが、エアガンの安全性を守ることは一般消費者の利益につながります。

　そのため、エアガンの安全性についての自主基準を守らない業者を、他のエアガン業者が排除しようとした行為は、「公共の利益に反しない」可能性があるとされました。

「公共の利益」に反しない場合とは

形式的には競争を制限する行為であっても、一般消費者の利益を確保し、経済の健全な発展を促進するという独占禁止法の究極目的に反しない場合には例外的に「公共の利益」に反しないと考えられている。

独占禁止法の適用除外

知的財産権の行使には独占禁止法が適用されない

■ どんな場合になぜ除外されるのか

　競争を失わせるような行為をしても、独占禁止法の規制を受けない場合があります。これを独占禁止法の適用除外といいます。独占禁止法の適用除外には３つのパターンがあります。

パターン１　知的財産権の行使に該当する行為をした場合

　著作権法・特許法・実用新案法・意匠法・商標法といった法律で認められた知的財産権の行使に該当する行為をした場合です。知的財産権は、独占的に権利を行使するために認められた権利です。しかし、知的財産権に関わる法律は、独占禁止法の考え方と真っ向から対立します。独占禁止法は市場での競争を促進するための法律なのに対して、知的財産権に関わる法律は特定の人のみに権利の行使を認めて、競争がない状態で独占的に利益を得ることを認めています。そこで、独占禁止法と知的財産権に関わる法律を調整するために、知的財産権の行使に該当する行為については独占禁止法の適用が除外されています。ただし、もっぱら競争者である同業他社を排除することを狙って知的財産権を行使しているような場合には、不当な知的財産権の行使であるとして、独占禁止法が適用されます。

パターン２　小規模事業者同士が組合を作って行う取引

　小規模の事業者や消費者の相互扶助のために設立された組合によってなされた行為の場合です。小規模な事業者が組合を結成し、組合を通じて共同購入や共同販売を行うと、小規模な事業者同士での競争が失われてしまうことになります。しかし、小規模な事業者同士が結束しなければ大規模な事業者に太刀打

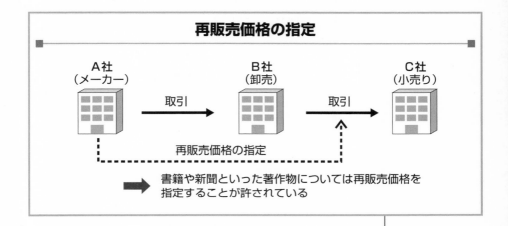

再販売価格の指定

A社（メーカー） 取引 → B社（卸売） 取引 → C社（小売り）

再販売価格の指定

➡ 書籍や新聞といった著作物については再販売価格を指定することが許されている

ちできず、大規模な事業者とまともに競争できないという事態が発生する可能性があります。そのため、小規模な事業者同士が組合を作って行う取引に対しては独占禁止法の適用が除外されます。小規模な事業者が作る組合が独占禁止法から適用除外されるためには、①法律に基づいて作られた組合であること、②組合への加入・脱退が自由であること、といった条件を満たす必要があります。

パターン3 再販売価格の指定が許されているケース

再販売価格の指定が許されるというパターンです。再販売価格の指定とは、A社・B社・C社の順で商品が流通している場合に、A社がB社とC社の間の取引価格を決定することをいいます。再販売価格の指定が行われると、価格が拘束され、自由な競争が行われなくなるため、A社による再販売価格の指定は独占禁止法によって禁止されています（再販売価格の拘束）。しかし、書籍や新聞といった著作物については再販売価格を指定することが許されています。

また、消費者によって日常的に使用されている物で公正取引委員会が指定する商品（再販指定商品）についても、再販売価格を指定することが許されています。

書籍や新聞といった著作物

国民に情報を提供するという重要な役割を背負っている。このような重要な役割を担っている著作物を保護するために、再販売価格の指定が認められている。

Column

デジタルプラットフォーム規制

　近年、デジタル技術を用いた取引が利用者の市場アクセスを飛躍的に向上させています。中でもデジタルプラットフォームは重要な役割を担っています。

　他方、一部の市場では規約の変更や取引拒絶の理由が示されないなど、取引の透明性及び公正性が低いことなどへの懸念が指摘されています。こうした背景を踏まえ、取引条件等の開示、運営における公正性確保、運営状況の報告と評価及び評価結果の公表等の必要な措置を講ずる「特定デジタルプラットフォームの透明性及び公正性の向上に関する法律（デジタルプラットフォーム取引透明化法）」が2020年5月に成立し、2021年2月1日に施行されました。

　この法律では、デジタルプラットフォームのうち、特に取引の透明性・公正性を高める必要性の高いプラットフォームを提供する事業者を「特定デジタルプラットフォーム提供者」として指定し、規制の対象としています。対象となる「特定デジタルプラットフォーム提供者」を指定するための事業の区分及び規模は、①物販総合オンラインモールについては3,000億円以上の国内売上額、②アプリストアについては2,000億円以上の国内売上額、となっています。

　特定デジタルプラットフォーム提供者は、取引条件等の情報の開示及び自主的な手続・体制の整備を行い、実施した措置や事業の概要について、毎年度、自己評価を付した報告書を提出しなければなりません。行政庁は、提出された報告書等をもとにプラットフォームの運営状況のレビューを行い、報告書の概要とともに評価の結果を公表します。独占禁止法違反のおそれがあると認められる事案を把握した場合には、経済産業大臣は公取委に対し、同法に基づく対処を要請することになります。

PART 2

私的独占についての
規制や不当な取引制限

私的独占とは①

他の事業者を「排除」「支配」してはいけない

■ どんな要件が必要なのか

　ある事業者が他の事業者を市場から「排除」したり、他の事業者を「支配」したりして、市場での競争を失わせる（実質的に制限する）ことを私的独占といいます。

　私的独占は、事業者が、他の事業者を排除・支配することで、市場での競争を実質的に制限した場合に成立します。

　事業者とは、商業・工業・金融業その他の事業を行う者です。具体的には、商品やサービス（役務）の供給に対し反対給付を反復継続して受ける経済活動を行っている者をいいます。このような経済活動を行っていれば主体を問わず事業者となるので、国や地方公共団体も上記の経済活動を行う限りで「事業者」となり、独占禁止法の適用を受けます。また、医師や弁護士といった自由業を営む者も、経済活動を行っている以上「事業者」に該当し、独占禁止法が適用されます。

　次に、前述した他の事業者の「排除」や「支配」についてもう少し詳しく見ていきましょう。

　排除とは、他の事業者の事業活動に不当な圧力などを加えることで、その事業活動の継続を困難にしたり、新規参入を困難にさせたりする行為をいいます（排除型私的独占）。

　支配とは、他の事業者の意思決定を拘束して、自分の意思に従わせることをいいます（支配型私的独占）。株式取得、役員派遣などが利用されることが多いといえます。

　また、私的独占が成立するためには、市場での競争を実質的に制限するという効果が生じることが必要です。たとえば、A

「事業者を市場から排除する」とは

他の事業者が市場で活動できないようにして、市場から追い出してしまうことをいう。たとえば、新規参入しようとする事業者に原材料を供給させないことで新規参入を阻むことは、他の事業者を「排除」していることになる。

「事業者を支配する」とは

取引関係のある会社に対して圧力をかけて自社の要求をのませ、思い通りにコントロールすること。たとえば、大手の企業であれば、取引関係のある会社に対して容易に圧力をかけることができる。

支配の例

たとえば、A社がB社の株式のほとんどを保有していれば、B社の経営陣はA社の意向に従わざるを得ない。このときにB社の経営陣がA社の指示によってB社を動かしていれば、A社の行為はB社を「支配」していることになる。

排除行為の例①

A 社	消費者	「A社の方が安いから、B社ではなくA社の商品を買おう」

A 社
原価割れの値段で商品を売る。
資金力はあるからすぐには倒産しない。

B 社
原価割れの値段では商品を販売できない。
しかし原価割れの値段でないと消費者が
商品を購入してくれない。

結 果

A 社
B社を「排除」することに成功した。
もう競争相手はいない。

B 社
商品の販売から撤退した。

社、B社の他にたくさんの会社が同じ商品を販売しており、市場での競争をしていたとします。この状況で、A社がB社と取引している会社に圧力をかけて、B社が商品を販売できない状況に追い込んだ場合には、A社はB社を市場から「排除」したことになります。しかし、A社は、B社以外の会社とも競争をしているので、B社だけが市場からいなくなったとしても、市場での競争は失われません。

■ 排除型私的独占について

まず、商品を著しく低い価格で販売することで、他の事業者が事業を継続できない状態にして、他の事業者を市場から撤退させることは「排除」行為に該当します。

たとえば、資金力のあるA社が、資金力のないB社と同じ商品の市場で競争していたとします（上図参照）。このとき、A社が原価割れするような値段で商品を販売すれば、消費者はみ

なＡ社の商品を購入します。Ｂ社は、消費者を呼び戻すためには、Ａ社と同じように原価割れするような値段で商品を販売するしかありませんが、利益をあげることはできないので、資金力のないＢ社は原価割れの値段で商品を販売し続けることはできません。そのため、Ｂ社は事業を継続できなくなり、この商品市場から撤退することになります。このＢ社を市場からの撤退に追い込むことがＡ社による排除行為になります。

　また、「自社の競争相手と取引しないこと」を条件に相手と取引をして、自社の競争相手を市場から締め出すことも「排除」行為に該当します。たとえば、Ａ社とＢ社が同じ商品を製造・販売しており、Ａ社もＢ社も商品の原材料をＣ社から購入していたとします（次ページ図参照）。このとき、Ａ社がＣ社に対して「Ｃ社はＡ社にのみ商品の原材料を提供する」という内容の契約を締結するよう圧力をかけ、Ｃ社がこれを承諾すれば、Ｃ社はＡ社にのみ商品の原材料を供給し、Ｂ社には商品の原材料が供給されなくなります。Ｂ社は、Ｃ社以外の企業から商品の原材料を調達できればよいのですが、Ｃ社以外に商品の原材料を提供している有力な企業がいなければＢ社は商品の原材料を手に入れることができず、商品の製造・販売を断念せざるを得ません。こうして、Ｂ社は市場から締め出されることになるので、Ａ社はＢ社を市場から「排除」していることになります。

　さらに、ある商品に、他の商品を抱き合わせて販売して、抱き合わせた商品の市場での事業者の活動を難しくすることも、私的独占の「排除」行為になります。

　たとえば、消費者に大人気の商品「Ｘ」と、大人気ではないがそこそこ売れている商品「Ｙ」があるとします。商品Ｘと商品Ｙは全く別の種類の商品で、主として商品Ｘの製造・販売はＡ社が、商品Ｙの製造・販売はＢ社が行っていました。このとき、Ａ社が商品Ｘと商品Ｙをセットで販売し始めると、消費者は大人気の商品Ｘを購入すると、同時に商品Ｙも手に入れるこ

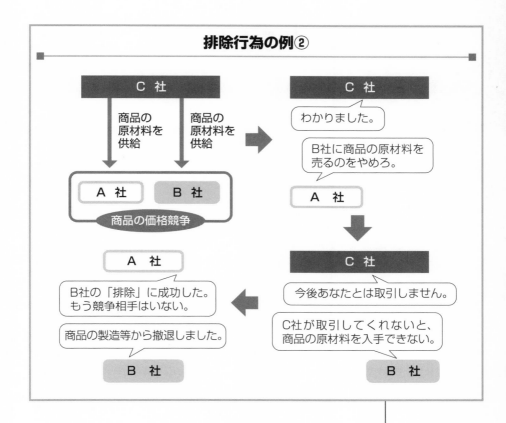

排除行為の例②

C 社

商品の原材料を供給　商品の原材料を供給

A 社　B 社

商品の価格競争

C 社

わかりました。

B社に商品の原材料を売るのをやめろ。

A 社

C 社

今後あなたとは取引しません。

A 社

B社の「排除」に成功した。もう競争相手はいない。

商品の製造等から撤退しました。

C社が取引してくれないと、商品の原材料を入手できない。

B 社　　B 社

とになります。そうすると、消費者はB社から商品Yを購入しなくなります。つまり、A社が商品Xと商品Yを抱き合わせて販売すれば、以前から商品Yを販売していたB社を、商品Yの市場から締め出すことになるので、A社はB社を「排除」したことになります。

　このように、商品を著しく低い価格で販売すること、自社とのみ取引をすることを取引相手に強要すること、ある商品に他の商品を抱き合わせて販売することは、私的独占における排除行為の典型例だといえます。しかし、これら以外の手段であっても他の事業者を市場から追い出す行為はすべて私的独占における排除行為に該当します。

なぜ抱き合わせ販売が私的独占の排除行為にあたるのか

なぜなら、消費者は商品YをA社を通じて手に入れているので、商品YをB社から購入する必要がなくなる。消費者は、A社から人気商品のXを必ず購入し、その際に商品Yを手に入れているので、消費者がB社から商品Yを手に入れる必要性がなくなってしまうからである。

私的独占とは②

私的独占に該当する行為をした場合には、事業者はさまざまな行政措置や制裁を受ける

■ 具体例にはどんなものがあるのか

　私的独占として、具体的にはどのような事例が問題になったのかを見ていきましょう。

・ケース1

　埼玉県にあるA銀行が、融資先である県内の製糸工場に対して、実質的にA銀行の子会社であるB社と取引するよう要求しました。銀行からの要求なので、製糸工場は断りづらい状況にありました。そのため、製糸工場はA銀行の要求に従ってB社と取引をするようになり、従来から製糸工場と取引していた事業者は製糸の取引に関与できなくなりました。このようなA銀行の行為は、従来から製糸工場と取引していた事業者を排除し、製糸工場を支配するものなので、私的独占が成立します。

・ケース2

　乳製品製造業者であるA社は酪農家から牛乳の供給を受けており、A社は金融機関であるB社と密接な関係にあります。この状態で、A社は自らに牛乳を販売する酪農家に対してのみ、金融機関B社をあっせんしていました。そうすると、B社から融資を受ける必要がある酪農家はA社に対してのみ牛乳を販売するようになります。その結果、酪農家はA社以外の乳製品製造業者に対して牛乳を販売しなくなり、A社以外の乳製品製造業者は乳製品を作ることができなくなりました。そのため、A社の行為は、他の乳製品製造業者を排除する行為といえるので、私的独占が成立しています。

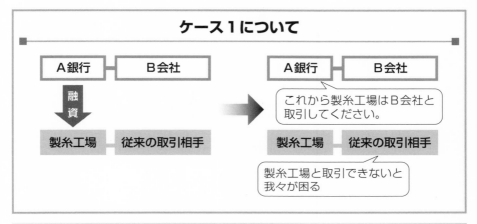

ケース1について

A銀行 ─ B会社

融資 → 製糸工場　従来の取引相手

A銀行 ─ B会社

これから製糸工場はB会社と取引してください。

製糸工場　従来の取引相手

製糸工場と取引できないと我々が困る

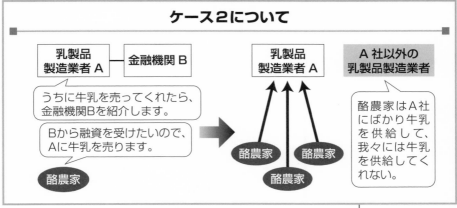

ケース2について

乳製品製造業者A ─ 金融機関B

うちに牛乳を売ってくれたら、金融機関Bを紹介します。

Bから融資を受けたいので、Aに牛乳を売ります。

酪農家

乳製品製造業者A

A社以外の乳製品製造業者

酪農家　酪農家　酪農家

酪農家はA社にばかり牛乳を供給して、我々には牛乳を供給してくれない。

・ケース3

　A社は缶詰の缶を製造する業者で、A社で作られた缶は缶詰製造会社に販売されていました。缶詰製造会社のB社は、コスト削減のために、缶詰の缶をA社から購入するのではなく、B社の中で製造しようとしました。このとき、技術上の理由から、「X」という種類の缶はB社だけで製造できるのですが、「Y」という種類の缶はB社だけで製造することはできませんでした。そこで、B社は、「X」だけ自社で製造し、「Y」は今まで通りA社から購入することに決めました。

しかし、このＢ社の動きを知ったＡ社は、「Ｂ社で缶Xを製造し、Ａ社から缶Xを購入しないのであれば、Ａ社はＢ社に缶Yを販売しない」と通告しました。Ｂ社としては、Ａ社からの缶Yの供給を止められてしまうと、一部の缶詰の製造ができなくなるので、自社での缶Xの製造を断念せざるを得ませんでした。このようなＡ社の行為は、缶詰の缶の製造市場からＢ社を排除したものであるとして、私的独占が成立します。

・ケース４

Ａ社は、北海道の全域で新聞を発行しており、道内函館の新聞発行部数の大部分を占めていました。その函館に、新聞社Ｂ社が参入して新聞を発行しようとした際に、Ａ社はＢ社に対抗するためにさまざまな手段を講じました。まず、Ｂ社が用いると予想される新聞題字を次々と商標登録して、Ｂ社が希望する新聞題字を使えないようにしました。また、記事を配信している通信社に、通信社からＢ社へ記事を配信しないよう依頼しました。さらに、Ａ社は、函館で発行する新聞に掲載する広告料金を大幅に値下げして、Ｂ社に広告の掲載を依頼する企業が現れないようにしました（Ａ社は道内全域で新聞を発行していたので、函館での新聞事業が赤字でもすぐには困らない状況にありました）。このようなＡ社の一連の行為は、函館での新聞発行市場からＢ社を排除するものとして、私的独占が成立します。

■ 行政措置と制裁

事業者が私的独占に該当する行為をした場合には、事業者はさまざまな行政措置や制裁を受けます。

まず、事業者が私的独占に該当する行為を行っている場合には、公正取引委員会は事業者に対してその行為を止めるように命令します。これを排除措置命令といいます。さらに、私的独占を行った者は、刑事罰として５年以下の懲役または500万円以下の罰金が科されます。また、私的独占を行った事業者の代

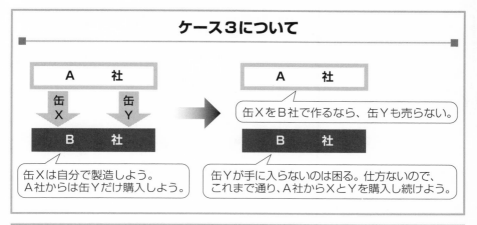

ケース3について

A 社

缶X　缶Y

B 社

缶Xは自分で製造しよう。
A社からは缶Yだけ購入しよう。

A 社

缶XをB社で作るなら、缶Yも売らない。

B 社

缶Yが手に入らないのは困る。仕方ないので、
これまで通り、A社からXとYを購入し続けよう。

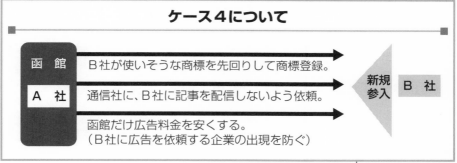

ケース4について

函館
A 社

B社が使いそうな商標を先回りして商標登録。

通信社に、B社に記事を配信しないよう依頼。

函館だけ広告料金を安くする。
（B社に広告を依頼する企業の出現を防ぐ）

新規
参入　B 社

表者またはその従業者に対し刑事罰が科される場合は、その者が所属する事業者も5億円以下の罰金が科されます（両罰規定）。

■ 独占的状態についての規制

　一つの事業者がある商品市場での競争に勝ち抜き、競争相手がいなくなってしまうと、結果的にその事業者による独占市場（または少数の事業者による寡占市場）になってしまい、市場での競争がなくなってしまいます。このような市場の状態のことを独占的状態といいます。市場が独占的状態になってしまった場合には、公正取引委員会によって競争を回復させるための何らかの措置が講じられます。

「独占的状態」になったといえる状態

該当する商品の国内での販売価格が年間1000億円を超えていること、その商品のシェアについて、第1位の事業者のシェアが50％を超えるか、上位2社のシェアが75％を超えることが必要。その商品市場への新規参入が困難であり、商品価格の上昇が著しい（または低下が僅少である）ことも必要。

市場でのシェアと独占禁止法違反の可能性

商品の特性、商品の流通性、新規参入の可能性、商品が輸入される可能性などの諸要素を考慮して判断される

■ どんな場合に市場でのシェアが問題となるのか

市場でのシェアが高くなっただけでは独占禁止法違反にはなりません。市場での自由かつ公正な競争の中でシェアを伸ばしていったのであれば、それは正当な企業努力によって顧客を獲得していったということを意味しています。このような場合は、公共の利益に反する形で、他の事業者を市場から排除するもの（排除型私的独占）でもなく、その事業活動に制約を与えて市場を支配するもの（支配型私的独占）でもないため、市場でのシェアが高くなっても独占禁止法には違反しません。

■ 市場シェアが大きいほど違反となりやすい

たとえば、商品の価格を他の事業者と共同して決定する価格カルテルを行ったとしても、価格カルテルに参加した事業者全体で占める市場でのシェアが低ければ、シェアが高い場合に比べ、市場での競争が制限されず、独占禁止法違反にはならない可能性が高いといえます。

消費者がカルテルに参加していない事業者から商品を購入できるのであれば、カルテルによって商品の価格を高くしても、高い価格で商品を消費者に購入させることはできません。

独占禁止法違反が問題となっても、どのくらいのシェアがあれば競争が失われたといえるかについては、一律に「何％のシェアを超えてしまうと違反となりやすい」と断言することはできません。市場でのシェアが大きくなればなるほど、市場での競争が失われてしまう可能性が高くなります。しかし市場での競

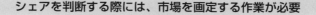

市場シェアと独占禁止法違反

> **市場シェアが大きいほど独占禁止法違反になりやすい**

▼

> **シェアを判断する際には、市場を画定する作業が必要**

▼

> **市場の画定の際の判断要素**
> ⓐ商品の特性、ⓑ商品の流通性、ⓒ新規参入の可能性、
> ⓓ商品が輸入される可能性、などの諸要素を考慮して判断

※市場でのシェアが高くなっただけでは独占禁止法違反とはならない

争が失われているかどうかは、シェアだけではなく、商品の特性、商品の流通性、新規参入の可能性、商品が輸入される可能性など、さまざまな要素を考慮して判断する必要があります。

市場でのシェアがどのくらいかを判断する際に重要になるのが「市場の画定」です。この市場の画定の際にも、さまざまな要素を考慮する必要があります。

たとえば、牛乳を販売している事業者Aがいた場合に、事業者Aが競争している市場は、「牛乳の販売市場」だけではありません。「飲み物全体の販売市場」でも競争をしています。当然ですが、「牛乳の販売市場」よりも「飲み物全体の販売市場」の方が、事業者Aが占めるシェアの割合は低くなります。そのため、事業者Aが独占禁止法違反の可能性がある行為を行った場合には、「牛乳の販売市場」での競争を失わせる可能性が高く、「飲み物の販売市場」での競争を失わせる可能性は低いといえます。そこで、事業者Aの行為が独占禁止法に違反するかは、牛乳について、前述の「商品の特性、商品の流通性、新規参入の可能性、商品が輸入される可能性」などの諸要素を考慮して判断されると考えられます。

不当な取引制限

カルテルや入札談合が代表例である

■ どんなことなのか

　不当な取引制限とは、事業者が他の事業者と共同して、市場での競争を失わせる（実質的に制限する）ことをいいます。

　不当な取引制限に該当する行為としては、入札談合、カルテルなどがあります。入札談合は、他の事業者と協力して、入札で競争をせずに特定の事業者が高値で落札できるように行動することをいいます。カルテルとは、他の事業者と協力して価格を引き上げたり、販売数量を減らすことです。入札談合もカルテルも、他の事業者と協力して市場での競争を失わせる行為なので、不当な取引制限に該当します。

　また、他の事業者と共同研究開発を行うこと、商品の規格化を行うこと、商品の共同生産・販売を行うことなども、不当な取引制限に該当する可能性があります。これらの行為は直接市場での競争を失わせる目的をもって行われるわけではありませんが、事業者同士の情報交換が行われることで、互いの企業内部の情報が筒抜けになってしまいます。その情報交換の過程で、商品の価格や販売数量といった情報も、事業者同士でやり取りされることになるので、結果的に商品の価格が同じになるなど、市場での競争を制限してしまう可能性があります。

■ どんな問題があるのか

　不当な取引制限は、事業者が、他の事業者と共同して相互の活動を拘束・遂行し、公共の利益に反して、市場での競争を実質的に制限することで成立します。事業者とは、商業・工業・

**不当な取引制限の
さまざまなパターン**

本文で挙げた行為以外でも、事業者同士が協力して市場での競争を失わせているのであれば、不当な取引制限に該当する。

不当な取引制限のさまざまなパターン

 不当な取引制限

①他の事業者と共同して
②相互の活動を拘束・遂行し
③公共の利益に反して
④市場での競争を実質的に
　制限すること

たとえば →

● 入札談合
　競争をせずに特定の事業者が高
　値で落札できるようにすること
● カルテル
　他の事業者と協力して価格を引
　き上げたり、販売数量を減らした
　りすること
● 共同研究開発・共同生産
　行き過ぎた共同研究開発や共同
　生産を行うこと

※上述した行為以外でも、競争を阻害する事業者同士の協力行為であれば不当な取引制限に該当する

金融業など、商品やサービスを反復継続してやり取りする経済活動を行っている者です（24ページ）。何らかの経済活動を行っていれば事業者となるので、国や地方公共団体も経済活動を行う限りで事業者となります。

　また、不当な取引制限が成立するためには、事業者同士に意思の連絡があることが必要です。たとえば、事業者同士で商品の販売価格を値上げするという内容のカルテルを行う場合には、「お互いに商品の価格を値上げする」という内容の合意をします。不当な取引制限が成立するとして独占禁止法による規制を行う場合には、公正取引委員会が事業者同士の意思の連絡があることを立証する必要があります。

　事業者同士が、お互いの活動を相互に拘束していること、または共同して活動を遂行することも、不当な取引制限が成立するために必要です（相互拘束・共同遂行）。商品の価格を同じにするということを事業者同士が合意していれば、事業者同士はお互いに「商品の価格を同じにする」という内容の拘束を受けていることになるので相互に事業活動を拘束したことになります。なお、紳士協定であっても、事業者同士は相互に拘束し

事業者同士の意思
の連絡について

37ページ参照。

ていることになります。事業者同士で「商品の価格を同じには
しないが、勝手に安売りをしてはならない」とする旨を合意し
た場合、合意に反したときの制裁まで決めていなくても、商品
の価格について事実上の相互の拘束がある以上、相互拘束の要
件を充たします。

　不当な取引制限が成立するためには、事業者の行為によって
競争が実質的に制限されることも必要です（競争の実質的制限）。

　たとえば、事業者同士で合意をして商品の価格を値上げする
価格カルテルの場合、通常は、事業者同士の合意によって、そ
の事業者間では商品の価格競争が失われてしまうことになりま
す。しかし、価格カルテルを行っている事業者以外にも、同じ
商品を販売する事業者がたくさん存在する場合には、カルテル
に参加していない事業者が安い価格で商品を販売しようとしま
す。そうすると、消費者は、価格カルテルにより高い値段で商
品を販売している事業者ではなく、カルテルを行わずに安い値
段で商品を販売している事業者から商品を購入します。価格カ
ルテルを行っている事業者が消費者に商品を購入してもらうに
は、価格カルテルを止めて商品の価格を下げ、今まで通り価格
競争をするしかありません。つまり、価格カルテルを行ったと
しても、他にも同じ商品を販売している事業者がたくさんいる
などの事情がある場合には、競争は失われないとして、不当な
取引制限が成立しない可能性があります。

　以上より、事業者同士の意思の連絡、相互の拘束・共同遂行、
競争の実質的制限という条件を満たした場合に、不当な取引制
限が成立します。

■ 不当な取引制限のポイントについて

　不当な取引制限が成立するかどうかにおいて、大きなポイン
トになるのが、事業者同士の「意思の連絡」があるかどうかと
いう点です。

価格カルテルについ
ての意思の連絡
複数事業者間で相互に
同内容または同種の対
価の引上げを実施する
ことを認識ないし予測
し、これと歩調をそろ
える意思があること。

36

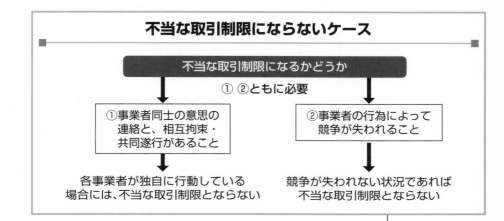

不当な取引制限にならないケース

不当な取引制限になるかどうか

① ②ともに必要

①事業者同士の意思の
連絡と、相互拘束・
共同遂行があること

②事業者の行為によって
競争が失われること

各事業者が独自に行動している
場合には、不当な取引制限とならない

競争が失われない状況であれば
不当な取引制限とならない

　不当な取引制限は、事業者同士が「共同して」市場での競争を失わせた場合に成立します。そのため、各事業者がそれぞれ独自に行動している場合には、不当な取引制限が問題となることはありません。そのため、公正取引委員会としては、不当な取引制限が行われているとして事業者を取り締まる場合には、事業者同士での意思の連絡があることを立証する必要があります。

　事業者同士での意思の連絡があったことの立証は容易ではありません。事業者が、他の事業者と合意したことを書面にしていれば、その書面を証拠にして意思の連絡があったことを立証することができます。

　しかし、事業者も、事業者同士が協力して市場での競争を失わせることは独占禁止法違反となり、公正取引委員会に摘発される可能性があることはわかっています。そのため、事業者は、他の事業者との合意の内容を書面にするなど不用意に証拠を残すようなことはしません。

　通常は、不当な取引制限を行う事業者は、口頭でのみ他の事業者と打ち合わせをして、市場での競争を行わないことを合意しています。そのため、公正取引委員会が、事業者同士での意思の連絡の内容を明確に立証することは困難だといえます。

そのため、事業者同士の意思の連絡は、明示のものではなく黙示のものでよいとされています。つまり、事業者同士で明確な約束をしなくても、暗黙の了解があれば、意思の連絡があると判断されます。

また、事業者同士が商品の価格等について情報交換をして、その後に情報交換を行った内容と同じような行動にでた場合には、事業者同士に協調的な関係があり、原則として事業者同士の意思の連絡があると推認されます。たとえば、A社とB社が、商品価格についての情報交換を行い、その後にA社とB社が同じ商品の値上げを行えば、A社とB社の間に意思の連絡があると推認されます。つまり、事業者同士が商品の価格等に関する情報交換活動を行い、その後に事業者同士が同じような行動をとった場合には、意思の連絡があると判断することが可能となります。このような手法を用いて、不当な取引制限における意思の連絡が立証されます。

■ 具体例にはどんなものがあるのか

① 入札談合

不当な取引制限の典型例は、入札談合と価格カルテルです。入札談合は、国や地方公共団体が発注する工事等を受注しようとする事業者らが、話し合いを行って特定の事業者に工事を高値で受注させることをいいます。入札は、国や地方公共団体が事業者に工事等の見積もり額を提出させ、最も安い見積もり額を提出した事業者に工事等を発注するという制度です。このような入札制度を採用することにより、国や地方公共団体は支出を抑えることができます。

しかし、たとえば、入札に参加する事業者がA社、B社、C社、D社の四社であったときに、B社、C社、D社が非常に高い価格の見積書を提出し、A社がB社、C社、D社と比べて少しだけ安い価格での見積書を提出すれば、国や地方公共団体は

なぜ禁止されているのか

入札は厳正な競争を行うことを目的としているため、入札談合は税金の無駄づかいにもつながり、公共のメリットを損なう非常に悪質な行為である。そのため「入札談合」は、不当な取引制限のひとつとして禁止されている。

不当な取引制限の例

入札

| A 社 | B 社 | C 社 | D 社 |

みんなで相談して、高い価格で
入札しよう（入札談合）。

みんなで相談して、商品の価格
を高くしよう（価格カルテル）。

| A 社 | B 社 | C 社 | D 社 |

国

もっと安い価格で入札できるはず
なのに、高い見積もりしかない。

消費者

どの会社の商品も高いから、高い
商品を買うしか選択肢がない。

A社に工事を発注せざるを得ません。このようにA社、B社、C社、D社の話し合いにより、入札での競争が失われているので、A社、B社、C社、D社の行為は入札談合であって不当な取引制限に該当します。

② 価格カルテル

価格カルテルは、同じ商品を販売している事業者同士が、共同して商品の価格を値上げすることをいいます。通常は、同じ商品を販売している事業者同士は、消費者に自社の商品を買ってもらうために価格を安くする努力を行います。一つの会社が商品の価格を値上げしても、消費者は安い他社の商品を購入するため、問題は生じません。

しかし、同じ商品を販売している事業者同士が共同して商品の価格を値上げすれば、安い商品を選べない消費者は、高い価格の商品を購入せざるを得ません。このように事業者同士で共同して商品の値上げをして、市場での競争を失わせているので、価格カルテルは不当な取引制限に該当します。

不当な取引制限のパターン①

■ 不当な取引制限にはさまざまなパターンがある

不当な取引制限に該当するパターンにはさまざまなものがありますが、入札談合とカルテルが典型例です。ここでは入札談合、カルテルの種類（ハードコア・カルテル、非ハードコア・カルテル）、行政上・刑事上の制裁について紹介します。

■ 入札談合のしくみ

入札談合とは、国や地方公共団体等が発注する工事等（公共工事や公共調達）の入札で、入札に参加する予定の事業者同士が協力して（事前に相談して）、特定の事業者に高値で工事等を落札させることです。

本来、入札に参加する事業者は、工事等を受注するために少しでも見積もりの金額を低くしようとするので、国や地方公共団体としては工事等のための支出を抑えることができます。しかし、入札をしようとしている事業者同士で話し合いをすれば、事業者が落札者と落札価格を決めることができます。たとえば、入札に参加しようとしている事業者がA社、B社、C社、D社の4社だとして、4社が話し合い、A社が4900万円、B社、C社、D社が5000万円で入札すれば、必然的にA社が4900万円で落札することになります。実際にはもっと安い価格で工事を行うことができるとしても、高い価格で落札できれば事業者にとっては利益になりますので、事業者は高い価格で工事を落札します。これによって入札における価格競争が失われるので、入札談合は不当な取引制限として規制されています。

入札

入札は、工事等を発注しようとしている国や地方公共団体等が、複数の事業者に工事等の見積書を提出させて、最も低い価格の見積書を提出した事業者に対して工事等を発注するという制度。

入札談合がなぜ規制されているのか

入札談合が行われると事業者同士が価格競争をすることなく工事等を受注する。そのため、入札談合は市場競争を失わせる行為であり、不当な取引制限として独占禁止法の規制を受ける。

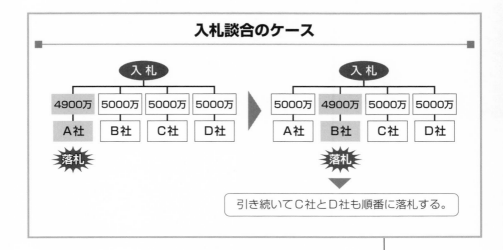

入札談合のケース

入札

4900万	5000万	5000万	5000万
A社	B社	C社	D社

落札

▶

入札

5000万	4900万	5000万	5000万
A社	B社	C社	D社

落札

▼

引き続いてC社とD社も順番に落札する。

　また、入札談合は繰り返し行われます。たとえば、A社、B社、C社、D社が参加する入札で最初にA社が落札すると、次の入札ではB社が落札できるようにA社、C社、D社が協力し、さらにその次の入札ではC社が落札できるようにA社、B社、D社が協力するというように、入札談合に参加している事業者が順番に落札できるよう、各事業者は協力し合うことになります。このようにすることで、入札談合に参加している事業者は、確実に高値で落札することができます。

　もっとも、入札談合を成功させるためには、入札に参加する事業者のすべてが談合に参加する必要があります。

　入札には、一般競争入札と指名競争入札の2種類があります。一般競争入札とは、入札の参加資格の条件がなく、誰でも参加できる方式の入札のことです。これに対して、指名競争入札とは、工事を発注する国や地方公共団体等があらかじめ入札に参加できる事業者を指名して、指名された事業者だけが参加して入札を行うことです。指名競争入札は一般競争入札と異なり入札に参加する事業者が限定されることから、指名競争入札の方が一般競争入札より談合が発生する可能性は高いといえます。

入札参加事業者のすべてが談合に参加する必要がある

本文中のA社、B社、C社、D社の他にE社が入札に参加していた場合には、A社～D社の4社だけで談合をしても、A社～D社が確実に落札することはできない。なぜなら、A社～D社の話し合いで決定した価格よりも、E社は安い見積もりを出して入札に臨むのが一般的で、この場合はE社が落札するからである。

不当な取引制限のパターン②

ハードコア・カルテルと比べると独占禁止法違反となる可能性が低いケースもある

■ カルテルは２つに分類できる

　カルテルとは、事業者が他の事業者と共同して、商品の価格を値上げしたり、販売数量を制限するなどして、市場での競争を失わせることをいいます。カルテルにはさまざまな形態があります。事業者同士が商品の販売価格を共同して決定する価格カルテル、商品の製造量・販売量等を制限する数量カルテル、各事業者の商品の販売地域を決定する市場分割カルテル、事業者ごとの取引先を決定する取引先制限カルテルなどは、不当な取引制限に該当し、独占禁止法違反となる可能性が高いといえます。このような、競争制限を明白な目的としており、独占禁止法違反となる可能性が高いカルテルのことをハードコア・カルテルといいます。

　これに対し、商品を共同で研究開発すること、他の事業者と情報交換をすること、他の事業者と共同で商品を生産・販売・購入することは、競争制限の目的を有するか必ずしも明らかではないので、ハードコア・カルテルと比べると独占禁止法違反となる可能性は低いといえます。しかし、競争を失わせることになる場合には、不当な取引制限として独占禁止法による規制を受けます。このような、必ずしも競争制限を目的としておらず、独占禁止法違反となる可能性が低いカルテルのことを非ハードコア・カルテルといいます。

■ ハードコア・カルテルについて

　ここでは、ハードコア・カルテル（価格カルテル、市場分割

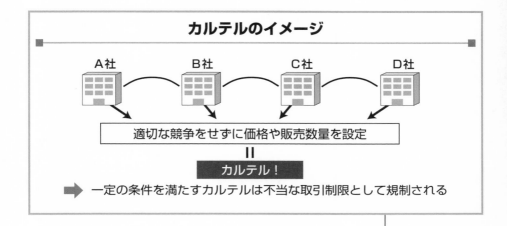

カルテルのイメージ

A社　　　B社　　　C社　　　D社

適切な競争をせずに価格や販売数量を設定

＝

カルテル！

➡ 一定の条件を満たすカルテルは不当な取引制限として規制される

カルテル）について、どのような点に注意して不当な取引制限に該当するかどうかを判断するのかを見ていきましょう。

たとえば、価格カルテルであれば、事業者同士が価格を上昇させることについての意思の連絡をしているか、その意思の連絡によって実際に商品の価格が上昇し、市場での競争が失われているかといったことを「不当な取引制限の成立要件を満たしているか」という観点から判断します。また、市場分割カルテルであれば、販売地域を事業者同士でどのように分割したのか、販売地域を分割したことによって実際に商品市場での競争が失われているのかといったことを、「不当な取引制限の成立要件を満たしているか」という観点から判断することになります。

■ 非ハードコア・カルテルについて

商品の共同研究開発や情報交換などの非ハードコア・カルテルが行われると、なぜ市場競争が失われるのでしょうか。

まず、事業者同士による商品の共同研究開発は、事業者が保有する技術を合わせることでより良い商品を生み出すことができ、基本的には自由かつ公正な競争を生み出す行為です。しかし、商品を共同で研究開発する際に、事業者の間で共同研究開

カルテルの成立
要件について

カルテルは、独占禁止法が規制する不当な取引制限に該当する可能性のある行為であり、不当な取引制限として成立するための条件を満たした場合に、独占禁止法による規制を受ける。

商品の共同研究
開発に付随する
問題点

商品の生産量や販売価
格まで事業者間の協定
によって決めてしまう
と、その商品の市場での
競争が失われてしまう。

発協定に付随して商品の生産量や販売価格についての取り決め
がなされる可能性があります。また、共同研究開発とは名目だ
けで、実際には共同研究がほとんど行われず、共同研究に付随
して事業者間で商品価格を同じにすることだけが合意されたと
いうケースでは、共同研究開発を隠れみのにして価格カルテル
が行われているといえます。このように、共同研究開発が行わ
れたとしても、基本的には市場での競争は失われませんが、共
同研究開発に付随した取り決めによって市場での競争が失われ
る可能性があります。

　次に、事業者同士の情報交換については、商品の販売価格や
生産量についての情報交換を行うと、不当な取引制限が成立し、
市場での競争を失わせてしまう可能性があります。販売価格や
生産量に関する情報交換を直接行わなくても、事業者同士が情
報交換をするうちに、商品の販売価格や生産量について共通の
認識が作り出されてしまう危険性があります。さらに、事業者
同士で商品を共同して生産・販売・購入すると、同じ方法・同
じ経路で商品を生産・販売・購入することになります。そうす
ると、事業者同士で商品の販売価格や生産量などについても取
り決めてしまう可能性が出てくるため、市場での競争が失われ
ている可能性が生じます。

■ 行政上の制裁（排除措置命令・課徴金納付命令）

　カルテルが行われた場合には、公正取引委員会は事業者に対
してカルテルを止めるよう命令を出します。これを排除措置命令
といいます。たとえば、価格カルテルが行われていた場合には、
価格について事業者同士で合意するのを止めるよう命令が出ます。

　また、入札談合が行われていた場合には、事業者同士での話
し合いにより入札価格を決定することを止めるよう命令が出ます。

　カルテルを行った事業者に対しては課徴金が課されます。こ
れを課徴金納付命令といいます。課徴金の額は、独占禁止法に

違反する行為を行っていた期間の売上高に、一定の算定率を掛けた（乗じた）ものになります。課徴金の算定率は、かつては製造業等・卸売業・小売業の業種によって異なっていましたが、令和元年の法改正により業種を問わず一律の基本算定率(10%)が定められました。売上高の算定においては違反事業者だけでなく、その指示に従った完全子会社等の売上高も加算されます。主導的役割を果たした場合や、再度の違反の場合は割増算定率(15%)が適用されます。

　ただし、事業者が自ら進んで独占禁止法違反の行為を公正取引委員会に報告した場合には、課徴金が減免されます。令和元年の法改正により、減免申請の順位に応じた減免率に、事業者の協力が事件の真相の解明に資する程度に応じた減算率を加えた減免率が適用されることになりました。公正取引委員会の調査開始日前に最初に報告した事業者の減免率は100%（全額免除）です。続けて、調査開始日前に2番目に報告をした事業者の減免率は20%、3番目〜5番目に報告をした事業者の減免率は10%、6番目以降に報告をした事業者の減免率は5%です。これに調査協力した度合いに応じた減算率が最大40%加算されます。これに対して、調査開始日以降の場合には、最大3社までが減免率10%、それ以降は減免率5%です。これに減算率が最大20%加算されます。

　法改正前は減免を受けられるのは合計5社まででしたが、カルテルや入札談合の発見を容易にし、効果的な真相解明と競争秩序の早期回復を図るため、減免の対象が拡大されました。

■ 刑事上の制裁（刑事罰）

　カルテルを行った者（事業者の代表者またはその他の従業者）に対しては、5年以下の懲役または500万円以下の罰金が科されます。カルテルを行った者が所属する事業者に対しても、5億円以下の罰金が科されます。これを両罰規定といいます。

> **両罰規定**
> 事業者の代表者またはその他の従業者に対して刑事罰を科す場合に、その代表者または従業者が所属する事業者に対しても刑事罰を科す規定のこと。

ハードコア・カルテルのパターン

· ·

市場を分割するカルテルもある

■ ハードコア・カルテルにはどのようなものがあるか

競争制限を明白な目的としており、独占禁止法違反となる可能性が高いとされる「ハードコア・カルテル」には、価格カルテル、市場分割カルテル、数量制限カルテル、設備制限カルテルなど、さまざまな類型があります。ここでは、ハードコア・カルテルの類型について見ていきましょう。

■ 価格カルテルについて

価格カルテルとは、事業者同士が商品の販売価格について合意をして、その合意の通りに商品の販売価格を設定することをいいます。たとえば、同じ商品を販売しているすべての事業者同士が、共同して商品を値上げすれば、消費者は価格の上昇した商品を買わざるを得ません。価格競争が行われていれば、消費者は安い価格で販売している事業者から商品を購入することができるのですが、すべての事業者が値上げをしているので、消費者が安い商品を選択することはできない状態になっています。事業者の間で競争が行われているとはいえないので、価格カルテルは不当な取引制限に該当します。

価格カルテルは不当な取引制限の一種です。そのため、価格カルテルが不当な取引制限として独占禁止法の規制を受けるには、事業者同士が同じ市場で競争している必要があります。同じ商品を販売している事業者同士であれば、基本的には同じ市場で商品を販売しているといえるので、この事業者同士が価格カルテルを行えば不当な取引制限になります。しかし、違う商

数量制限カルテル

事業者がたくさんの商品を製造すれば、それだけ市場に供給される商品の量が増えるので、商品の価格は安くなる。しかし、商品の数量を制限するカルテルが行われると、市場に供給される商品の量が事業者同士の合意によってコントロールされる。事業者同士の合意によって市場に供給される商品の量が減少すれば、商品に対する需要が変化しなければ商品の価格が上昇する。そのため、数量制限カルテルは、不当な取引制限に該当し、独占禁止法による規制を受ける。

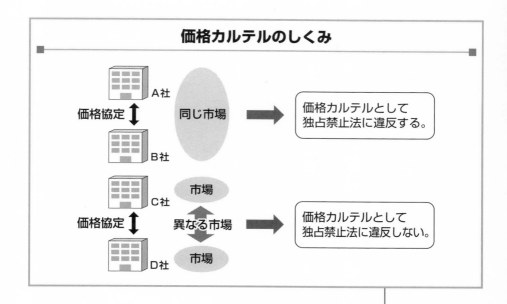

価格カルテルのしくみ

A社 ←価格協定→ B社　同じ市場　→　価格カルテルとして独占禁止法に違反する。

C社 ←価格協定→ D社　市場 ⇅ 異なる市場 市場　→　価格カルテルとして独占禁止法に違反しない。

品を販売しているからといって、市場が異なるとは限りません。たとえば、電車とバスは全く違う乗り物ですが、移動手段という点では変わりがありません。東京と大阪を結ぶ電車とバスであれば、「東京・大阪間の交通機関」という市場で競争しているといえます。そのため、東京・大阪間の電車を運営する会社と東京・大阪間でバスを運行しているバス会社との間で、運賃についての合意をすれば、価格カルテルとして不当な取引制限が成立する可能性があります。

■ 市場分割カルテルについて

　市場分割カルテルとは、競争関係にある事業者ごとに商品の販売地域等を限定して、決められた地域以外では商品を販売しないことを内容とするカルテルのことをいいます。

　たとえば、同じ商品を販売しているA社、B社、C社、D社が、A社は北海道でのみ、B社は本州でのみ、C社は四国でのみ、D社は九州でのみ販売活動を行うことを合意すれば、この

4社の行為は市場分割カルテルに該当します。本来であれば、A社〜D社の4社は日本中で商品を販売し、価格競争を行っていたはずです。しかし、市場分割カルテルを行うことで、他社との競争を行わなくてよいことになります。その結果、市場分割カルテルによって割り当てられた地域の中では自由に商品の価格を設定することができ、競争相手がいないために高値であっても消費者に商品を買ってもらうことができます。市場分割カルテルは、他の事業者と共同して市場での競争を失わせる行為なので、独占禁止法の不当な取引制限に該当します。

■ 数量制限カルテル・設備制限カルテルについて

事業者同士の商品の販売数量を制限するカルテルも存在します。たとえば、同じ商品を販売している事業者であるA社、B社、C社がいて、この3社が「向こう1年間にA社は30万個、B社は20万個、C社は10万個の商品を製造・販売する」と合意して、この合意の内容を実行に移したとすると、A社、B社、C社の3社の行為は数量制限カルテルに該当します。

また、将来の商品供給量を制限するために各事業者の設備投資を制限する設備制限カルテルも、数量制限カルテルと同様の理由で不当な取引制限に該当します。事業者同士が、設備を増強しないことを合意すれば、商品の生産数量を抑えることになるので、事業者同士の合意による市場に供給する商品の量のコントロールにつながります。

■ その他のハードコア・カルテル

たとえば、事業者同士で、新技術の開発を行わないといった内容の合意をする技術制限カルテルがあります。通常ですと、事業者は商品を開発・改良するために技術の開発を行っています。しかし、技術の開発にはコストがかかりますし、新しい技術により新しい商品が作られると古い商品が売れなくなってし

事業者同士の競争を抑制する効果がある

数量制限カルテルや設備制限カルテルは、価格カルテルと合わせて行われることもある。事業者同士で価格についてだけ合意をした場合、合意に反して商品を安売りする事業者が出てくる可能性がある。しかし、価格に加えて商品の生産数量や設備投資を制限する合意をしておけば、多くの商品を販売することが難しくなるので、商品価格を安くすることも難しくなり、より確実に事業者同士の競争を抑制する効果を生み出す。

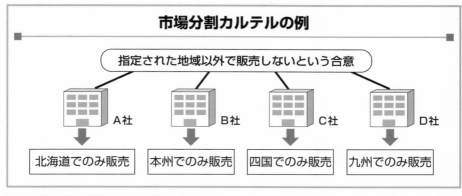

市場分割カルテルの例

指定された地域以外で販売しないという合意

A社 → 北海道でのみ販売
B社 → 本州でのみ販売
C社 → 四国でのみ販売
D社 → 九州でのみ販売

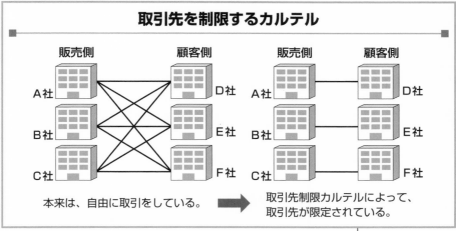

取引先を制限するカルテル

販売側	顧客側		販売側	顧客側
A社	D社		A社	D社
B社	E社		B社	E社
C社	F社		C社	F社

本来は、自由に取引をしている。　→　取引先制限カルテルによって、取引先が限定されている。

まいます。そのため、現在の状況を維持して商品を販売し続ける目的で、事業者同士で新技術を開発しないことを合意する技術制限カルテルが行われています。

　また、取引先を制限するカルテルも存在します。たとえば、A社、B社、C社が同じ商品を販売しており、この商品を購入している大口顧客としてD社、E社、F社があるとします。このとき、A社、B社、C社の間で「A社はD社とだけ、B社はE社とだけ、C社はF社とだけ取引をする」と合意することも取引先制限カルテルとして不当な取引制限に該当します。

取引先を制限する
カルテル

A社〜C社の3社は、競争によって顧客であるD社〜F社を獲得するはずだが、A社〜C社の合意によって競争が行われなくなる。そのため、D社〜F社はA社〜C社が商品の価格を高く設定しても、その値段で商品を購入せざるを得なくなる。

事業者団体規制

....

事業者の集合体による行為も独禁法で規制される

事業者に
該当する場合

たとえば、国や地方公
共団体も何らかの経済
活動を行う限りで事業
者に該当する。東京都
がと畜場を営んでいた
という事例では、東京
都が事業者に該当する
とされている。医師や
弁護士など自由業を営
んでいる者も、経済活
動を行っていることに
は変わりがないので、
事業者に該当する。

■ 事業者に該当する場合

　独占禁止法上の事業者とは、商業・工業・金融業などの事業
を行う者のことです。商品などの経済的な利益を供給すること
に対応して反対給付を継続して受ける経済活動を行う者は事業
者に該当します。たとえば、商品を販売している企業は、商品
を消費者に供給する代わりに消費者から金銭を受け取っている
ので、事業者に該当します。事業者に該当するのは民間企業だ
けではありません。何らかの経済的な事業を行っていれば、国
や地方公共団体でも事業者に該当します。

■ 事業者団体規制とは

　事業者団体とは、事業者としての共通の利益を図ることを目
的としている複数の事業者の連合体（または結合体）のことを
いいます。たとえば、事業分野ごとに企業が加入している、○
○協会や○○連合会といった団体が事業者団体に該当します。

　通常、独占禁止法違反となるような、市場での競争を制限す
る行為は事業者によって行われます。前述した私的独占や不当
な取引制限は、事業者による行為を対象とした規制です。しか
し、市場での競争を失わせる行為は、事業者同士の連合体であ
る事業者団体によって行われることもあります。そのため、事
業者団体に対しても独占禁止法による規制がなされています。

■ 事業者団体の行為についての独占禁止法の規制

　事業者団体としての意思決定により、市場での競争を制限す

事業者団体の行為が独占禁止法の規制を受ける場合

特定の事業者の活動を妨害して、その事業者が事業活動を
継続できない状態に陥らせて、市場での競争を失わせる

事業者団体が構成事業者の供給する商品の価格を決定する

新規参入しようとしている事業者や既存の事業者の活動を
妨害する

事業者団体に加入しないと事業者としての活動が困難に
なる場合に、事業者団体が正当な理由なく特定の事業者
の加入を拒否する

独占禁止法の
規制を受ける

ることが禁止されています。たとえば、事業者団体が、特定の
事業者の活動を妨害して、その事業者が事業活動を継続できな
い状態に陥らせて、市場での競争を失わせることがこれに該当
します。また、事業者団体が構成事業者の供給する商品につい
て価格を決定することも、事業者団体として市場での競争を制
限する行為に該当し、独占禁止法による規制を受けます。カル
テルは、通常は事業者同士で行われますが、事業者同士の連合
体である事業者団体の中でも、カルテルと同様の価格決定が行
われるケースがあります。

　市場での事業者の数を制限しようとする事業者団体の行為も、
独占禁止法による規制を受けます。たとえば、事業者団体が新
規参入しようとしている事業者や、既存の事業者の活動を妨害
することが該当します。新規参入しようとしている事業者との
取引を拒絶すれば、新規参入事業者に対する妨害行為になりま
す。また、事業者団体に加入しないと事業者としての活動が困
難になる場合に、事業者団体が正当な理由なく特定の事業者の
加入を拒否することも事業者の数を制限することになります。

正当な理由なく
特定の事業者の
加入を拒否すること

たとえば、医師は医師
会に加入しなければ、
事実上医師としての活
動を行うことが困難で
ある。そのため、医師
会が正当な理由なく特
定の医師の加入を拒否
すれば、それは事業者
の数の制限に該当する。

その他の規制

業界ごとのルールが独禁法に反する可能性がある

■ 事業者団体による自主規制について

事業者団体では、流通の合理化や商品の安全性の確保といったことを目的として、商品の規格や品質等に対して自主規制を定めることがあります。しかし、事業者団体が自主規制を行うことにより、市場での競争が阻害されてしまう可能性があります。市場での競争を阻害させるような事業者団体の自主規制は、独占禁止法違反となります。

反対に、独占禁止法違反となりにくい事業者団体による自主規制としては、商品を規格化する目的で設定される自主基準が挙げられます。同じ種類の商品の規格がバラバラだと、消費者としては購入したい商品の規格を逐一調べる必要があり不便です。しかし、商品の製造者間で規格を合わせて統一しておけば、消費者は規格化された商品を購入すればよいので、消費者にとって利益になります。そのため商品を規格化する目的で設定される自主基準は、独占禁止法違反となりにくいといえます。また、商品の安全性を確保するための基準も、独占禁止法違反となりにくいといえます。

■ 事業者団体による情報規制について

事業者団体は、特定の業界の商品の情報等を収集し、その情報を消費者や事業者に対して提供しています。この事業者団体の情報活動により、事業者相互の価格設定や生産数量が予測可能になり、商品の価格が一致するような場合には、事業者団体による情報活動が独占禁止法に違反する可能性があります。

独占禁止法違反となりやすい事業者団体による自主規制

特定の商品の価格や生産数量を制限する自主規制が挙げられる。

事業者団体による自主規制

商品の価格や生産数量を直接制限すると、市場での競争を失わせる可能性が高いので独占禁止法違反となる。

商品の安全性を確保するための基準

商品が安全でなければ消費者はその商品を購入しない。事業者団体として商品の安全性を確保するための自主基準を設定していれば、消費者の利益となるので、独占禁止法違反になる可能性は低いといえる。

事業者団体による自主規制と独占禁止法違反

自主規制

→ 価格の決定・数量の制限を内容とするもの → 独禁法違反の可能性あり！

→ 商品規格の統一など消費者の利益になる規制 → 独禁法違反の可能性低い！

　独占禁止法違反となりやすい事業者団体による情報活動としては、商品の価格についての目安になるような情報を提供する活動が挙げられます。商品価格の目安になるような情報を与えられた事業者団体に所属する事業者は、その情報に従って商品価格を決定する可能性があります。複数の事業者が情報に従って商品価格を決定すると、事業者ごとの商品価格が一致して、市場での競争が失われてしまいます。そのため、商品の価格についての目安になるような情報活動は、独占禁止法違反となる可能性が高いといえます。

　逆に、独占禁止法違反となりにくい事業者団体の情報活動としては、過去に行われた活動の報告や、商品に使われている技術に関する情報提供が挙げられます。商品の価格や生産数量に関わる情報ではなく、市場での競争に影響を与えないような情報であれば、事業者団体が情報活動を行ったとしても、独占禁止法違反にはなりにくいといえます。さらに、近年ではアルゴリズムやAIを通じた価格調整も問題となっています。公正取引委員会は令和3年3月31日、アルゴリズムやAIを通じた複数の企業による価格調整がカルテルに該当し、独占禁止法違反になるおそれがあるとの見解を盛り込んだ報告書を取りまとめました。

報告書

公正取引委員会は、令和3年3月31日に「アルゴリズム/AIと競争政策」という報告書を取りまとめている。

PART 2　私的独占についての規制や不当な取引制限　　53

不当な取引制限を回避するには

　不当な取引制限に該当する行為がなされると、関わった人物や事業者に対しては刑罰（事業者は罰金刑のみ）が科されます。事業者に対しては、莫大な課徴金も課されます。さらに、独占禁止法に違反した企業として、社会的信用を失うことにもなりかねません。

　企業の中でも、営業部門は、独占禁止法に違反する行為をしてでも成績を上げようとする場合があります。そのため、企業の監査役・法務部門の担当者は、営業部門が暴走して独占禁止法に違反する行為を行わないように監視をする必要があります。

　たとえば、日頃から企業内部でどのような行為が独占禁止法違反になるのかについて研修を行い、従業員の独占禁止法に対する理解を深めておくことが必要です。その際には、独占禁止法に違反をすると刑罰が科せられるなど、独占禁止法違反の行為を行った場合のリスクも説明するようにします。公正取引委員会のホームページでは、実際に独占禁止法に違反すると判断された事例を確認することができます。

　また、独占禁止法違反にあたるかどうかを従業員だけで判断せず、弁護士などの専門家に相談できる体制を作ることも必要です。

　なお、万が一会社が不当な取引制限に該当する行為をして、独占禁止法に違反する行為を行った場合には、一刻も早く公正取引委員会に報告することが必要です。不当な取引制限に該当する行為を行った事業者に対しては、課徴金が課されますが、その事実を公正取引委員会に報告した事業者の課徴金の額は減免されます（122ページ）。減免される課徴金の率は、最初に報告をした事業者が一番大きくなり（全額免除される場合もあります）、報告が遅れれば遅れるほど減額される率は小さくなってしまいますので注意が必要です。

PART 3

不公正な取引方法と制限

不公正な取引方法

公正取引委員会による指定もある

■ どんなことなのか

　不公正な取引方法とは、公正な競争を阻害するおそれがある行為のことです。不公正な取引方法は、私的独占や不当な取引制限と並んで、独占禁止法の重要な規制の柱です。不公正な取引方法に該当する行為に対しては、公正取引委員会によってその行為を行わないよう排除措置命令が出されます。また、不公正な取引方法を行った場合には課徴金が課されます（課徴金納付命令）。ただし、不公正な取引方法を行ったとしても、刑罰が科されることはありません。

　不公正な取引方法は、競争を失わせる私的独占や不当な取引制限の手段として行われることがあります。しかし、私的独占や不当な取引制限の手段となっていない場合、つまり競争を失わせない場合であっても、公正ではない方法を用いて有利な立場に立とうとする行為は、不公正な取引方法として独占禁止法で規制されています。どのような行為が不公正な取引方法に該当するかについては、独占禁止法が規定するものと公正取引委員会の指定によるものがあります（次ページ図参照）。

　独占禁止法が規定する不公正な取引方法は5つです。一方、公正取引委員会の指定で規定する不公正な取引方法は、あらゆる業種に適用される一般指定と、特定の業種に適用される特殊指定に分けられており、一般指定は15種類あります。

独占禁止法が規定する不公正な取引方法

共同の取引拒絶、差別対価、不当廉売、再販売価格の拘束、優越的地位の濫用の5つである。

■ 再販売価格の拘束とは

　商品を販売した取引相手が、さらに別の相手に商品を販売し

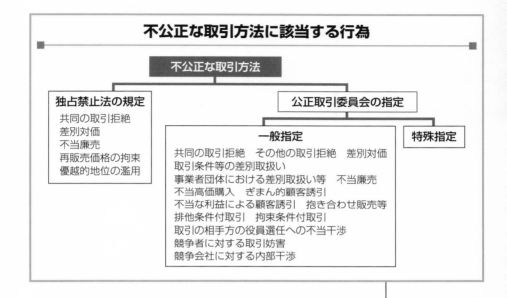

不公正な取引方法に該当する行為

不公正な取引方法

独占禁止法の規定
共同の取引拒絶
差別対価
不当廉売
再販売価格の拘束
優越的地位の濫用

公正取引委員会の指定

一般指定
共同の取引拒絶　その他の取引拒絶　差別対価
取引条件等の差別取扱い
事業者団体における差別取扱い等　不当廉売
不当高価購入　ぎまん的顧客誘引
不当な利益による顧客誘引　抱き合わせ販売等
排他条件付取引　拘束条件付取引
取引の相手方の役員選任への不当干渉
競争者に対する取引妨害
競争会社に対する内部干渉

特殊指定

ようとする場合に、商品の販売価格を拘束することが再販売価格の拘束に該当します。つまり、「A→B→C」の順で商品が売られていく場合に、BとCの間の商品の取引価格をAが決めることです。

再販売価格の拘束
66ページ参照。

■ その他にはどんなものがあるのか

　公正取引委員会の一般指定で規定する不公正な取引方法のうち、2つの類型を見ていきましょう。排他条件付取引とは、取引相手が自分の競争相手と取引しないことを条件として取引をすることをいいます。たとえば、AとBとCが競争関係にあり、DがA、B、Cに共通の顧客だとして、AがDと取引する際に、「DはBやCと取引をしない」という条件を付けることが排他条件付取引に該当します。

　抱き合わせ販売とは、ある商品に他の商品を合わせて販売することをいいます。不人気商品を売りさばく目的で、不人気商品を人気商品と合わせる形で抱き合わせ販売が行われます。

PART3
2

不公正な取引方法と制限

共同の取引拒絶

他企業と共同して取引を拒否してはいけない

■ どのようなことなのか

競争者と共同して、特定の事業者との取引を拒絶したり、他の事業者に対して特定の事業者との取引を拒絶するよう依頼したりすることを共同の取引拒絶といいます。

たとえば、商品のメーカーＡ、Ｂは、小売業者Ｃ、Ｄ、Ｅに対して商品を販売する関係にあったとします。このとき、ＡとＢが共同してＥとの取引のみを拒絶することが共同の取引拒絶に該当します。また、同じように、メーカーＡ、Ｂと小売業者Ｃ、Ｄ、Ｅがいる場合に、ＣとＤがＡとＢに対し「Ｅと取引しないでほしい」と依頼して、実際にＡとＢがＥとの取引を拒絶することも共同の取引拒絶といいます。

前者のＡとＢが主導して行う場合を直接の取引拒絶、後者のＣとＤが主導して行う場合を間接の取引拒絶といいます。

共同の取引拒絶は、商品を安売りしている事業者がいる場合に、その事業者による商品の安売りを止めさせたい場合などに行われます。前述した例では、Ｅが商品の安売りをしていた場合、Ａ～Ｄが商品をもっと高く売りたいと考えていたとすると、ＥはＡ～Ｄにとっては都合の悪い存在ということになります。そのため、Ｅによる商品の販売を不可能にするために、Ａ～Ｄによる共同の取引拒絶が行われます。

■ なぜ禁止されているのか

共同の取引拒絶が行われると、取引を拒絶された者はその市場で活動することができなくなってしまいます。前述した例で

共同の取引拒絶が規制される理由

本来、誰と取引をするかということは、自由に決定することができる。しかし、競争者と「共同して」特定の者との取引を拒絶することは、単に取引先を取捨選択するのではなく、何らかの不法な意図があると見ることができる。そのため、共同の取引拒絶は独占禁止法違反となる可能性が高い行為だといえる。

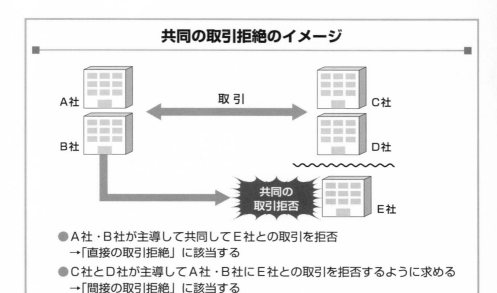

共同の取引拒絶のイメージ

A社　　　　取引　　　　C社

B社　　　　　　　　　　D社

共同の
取引拒否　　　　E社

● A社・B社が主導して共同してE社との取引を拒否
　→「直接の取引拒絶」に該当する
● C社とD社が主導してA社・B社にE社との取引を拒否するように求める
　→「間接の取引拒絶」に該当する

すと、商品をメーカーA、Bから購入することができなくなったEは、その商品市場からの撤退を余儀なくされます。Eが市場からいなくなれば、CやDの競争相手が減少する結果として、商品市場での競争が減少します。これは公正な競争を阻害するおそれがあるため、共同の取引拒絶は不公正な取引方法として独占禁止法の規制を受けます。

　なお、共同の取引拒絶を行った場合でも、取引に一定の基準を設けてその基準を満たしていない者との取引を拒絶する場合には、取引拒絶に正当な理由があるとして、不公正な取引方法としての規制を受けない可能性があります。また、共同の取引拒絶を行ったとしても、他に競争相手がたくさんいる場合には、公正な競争が阻害されるおそれがないので不公正な取引方法として規制されません。このように自由な競争の基盤が侵害されていない場合には、共同の取引拒絶を行っても不公正な取引方法としての規制を受けません。

基準を満たしていない者との取引を拒絶する場合

たとえば、業界の中で定めている商品の安全基準を守らない企業との取引を拒絶した場合は、不法な意図がなく、不公正な取引方法としての規制を受けない可能性が高いといえる。

他に競争相手がたくさんいる場合

たとえば、競争関係にあるA、B、C、D、Eのうち、AとBだけが共同してFとの取引を拒絶しても、FはC、D、Eと取引できるので、FはAやBとは関係なく経済活動を継続できる。

差別対価

. . . .

地域によって価格を変えてはいけない

■ どのようなことなのか

　差別対価とは、地域や取引相手に応じて、商品の価格を変えて取引することです。たとえば、同じ商品を販売しているＡ会社が、その商品を競争相手がいない東京では200円で販売し、競争相手がいる大阪では100円で販売することが差別対価に該当します。Ａ会社は、東京では競争相手がいないので商品の価格を少し高めに設定しても消費者はその商品を購入します。しかし、大阪では競争相手がおり、商品を150円で販売しているＢ会社やＣ会社がいれば、商品を200円に設定すると消費者が購入してくれません。この場合、Ａ会社が大阪では商品を100円で販売すれば、大阪の消費者はＢ会社やＣ会社の商品を購入しなくなります。Ａ会社は大阪では赤字になったとしても、東京で利益をあげることができるので、倒産はしません。

　これに対し、Ｂ会社やＣ会社が大阪でしか商品を販売していないとすると、大阪で顧客を獲得できなければ、この商品市場から撤退するしかありません。Ｂ会社やＣ会社が大阪の市場から撤退すれば、大阪での競争相手がいなくなるので、Ａ会社は東京と同じように商品を200円に値上げして販売することになるでしょう。

　同じように、競争相手の取引相手を奪う目的で差別対価が行われます。たとえば、ＡはＸやＹに対し、ＢはＺに対し、それぞれ継続して商品を販売しているという状況があったとします。このとき、Ａが顧客としてＺを獲得するために、ＸやＹと取引をしている価格と比べて低い価格でＺと取引することは差別対価になります。低い価格を提示されたＺはＢではなくＡを取引

差別対価が禁止される場合

> （例）同じ商品を販売しているA会社が、その商品を東京では
> 200円で販売し、大阪では100円で販売すること

原則：商品の価格は商品を販売する者の自由

**例外：商品の価格に差を設けることが、他の競争者を排除する目的で行われ、
実際に他の競争者らが市場から排除されるおそれがあるような場合**

> **公正な競争が阻害されるおそれが生じるので、差別対価は
> 独占禁止法による不公正な取引方法として規制される**

相手として選ぶことになるので、AはBから顧客Zを奪うことができます。

■ なぜ差別対価は禁止されているのか

原則として、商品の価格は商品を販売する者が自由に決定できます。地域や取引相手によって価格を変更する場合も同様です。また、取引相手によって商品の価格を変えることについても、取引相手が一度に大量の商品を購入するという理由で一個あたりの商品の値段を下げている場合には、不当に商品価格を変更しているわけではないので、独占禁止法には違反しません。しかし、商品の販売価格により、他の競争者が事業活動を行えないような状態になると、他の競争者が市場から撤退し、その市場での競争が失われてしまう可能性があります。商品の価格に差を設けることが、他の競争者を排除する目的で行われ、実際に他の競争者らが市場から排除されるおそれがあるような場合に、公正な競争が阻害されるおそれが生じるので、差別対価は独占禁止法による不公正な取引方法として規制されます。

不当廉売

利益が出ない価格設定は禁止されている

■ どのようなことなのか

　商品を販売に必要な費用を下回るような価格で販売し、他の事業者の活動を困難にすることを不当廉売といいます。資金力のある企業が安い価格で商品を販売し、資金力のない企業を市場から追い出す目的で行われます。

　たとえば、A社、B社、C社が同じ商品を販売しており、A社はB社やC社と比べて資金力を有する企業であったとします。それまでは、A〜C社の3社は1個200円前後で商品を販売していました。しかし、A社が1個100円で商品を販売し始めると、当然消費者はA社の商品のみを購入するようになります。商品を1個100円で販売しても、A社に利益は残りませんが、A社は資金力があるのですぐに倒産することはありません。

　他方、B社とC社は、消費者に自社の商品を買ってもらうためには、A社に対抗して商品の価格を1個100円未満に設定する必要がありますが、商品の価格を1個100円未満に設定してしまうと、B社とC社に利益が残りません。B社やC社は、商品の価格を1個200円にしたままだと消費者に購入してもらえず、1個100円未満にしてしまうと利益がでないという状態に陥り、資金力のないB社とC社は結局倒産してしまいます。

　こうして、B社とC社という競争相手がいなくなったA社は、商品の価格を高く設定できるようになります。このように、他の事業者が事業活動をできないようにする目的で不当廉売が行われます。

　どの程度の商品価格を設定すると不当廉売になるかについて

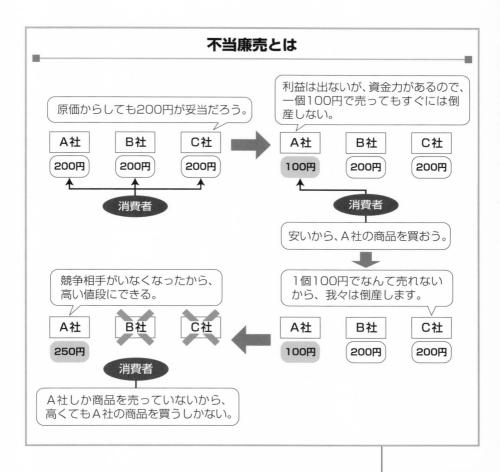

不当廉売とは

原価からしても200円が妥当だろう。

利益は出ないが、資金力があるので、一個100円で売ってもすぐには倒産しない。

A社	B社	C社
200円	200円	200円

消費者

A社	B社	C社
100円	200円	200円

消費者

安いから、A社の商品を買おう。

競争相手がいなくなったから、高い値段にできる。

1個100円でなんて売れないから、我々は倒産します。

A社	B社	C社
250円		

消費者

A社	B社	C社
100円	200円	200円

A社しか商品を売っていないから、高くてもA社の商品を買うしかない。

は、仕入原価または製造原価に販売費と一般管理費（人件費や光熱費など）を加えた価格が一つの目安になります。この価格のことを総販売原価といい、総販売原価を下回る価格設定がされているかどうかが、不当廉売になるかどうかの大きな目安になります。

■ なぜ禁止されているのか

　不当廉売が行われると、他の事業者の事業活動が難しくなる結果として、公正な競争が阻害されてしまいます。前述した例

販売費・一般管理費

販売部門や管理部門などで発生したコストのこと。販売促進費や広告宣伝費、販売手数料から成る「販売費」と、管理部門の人件費や建物の家賃、減価償却費から成る「一般管理費」から構成される。

では、B社やC社は、A社の不当廉売によって商品を販売できなくなっています。

A社は、単に資金力に頼って商品の価格を安く設定しているにすぎず、正当な企業努力によって商品の価格を下げているわけではありません。他方、B社やC社は、正当な企業努力をしているにもかかわらず、A社が不当に低い商品価格を設定しているために、商品を販売することができず、B社とC社は市場から排除されてしまいます。そうすると、この商品を販売する企業はA社だけになります。競争相手となる企業がいないので、A社は商品の価格を高くすることが可能になり、消費者はA社が設定した価格でその商品を購入せざるを得ません。このように、事業者が市場で活動困難になり、消費者に不利益となる事態が生じることを防ぐために、不当廉売は禁止されています。

なお、商品を著しく安い価格で販売したとしても、その価格設定に正当な理由があれば不当廉売にはなりません。

たとえば、生鮮食料品の賞味期限が切れそうなために、その生鮮食料品を原価割れするような値段で販売したとしても、不当廉売にはなりません。売れないままで賞味期限が切れてしまうよりは、低い価格でも販売した方が店の利益になるからです。同様の理由で、季節ものの商品をその季節の終わりに安く販売することも不当廉売にはなりません。季節ものの商品はその季節が終わってしまえば売れなくなるので、低い価格でも販売する必要性があります。

また、新規開店セールや閉店売り尽くしセールの際に商品を安売りすることも不当廉売にはなりません。新規開店セールの際には、その店の存在を消費者に知ってもらうためにセールを行う必要性がありますし、閉店売り尽くしセールの場合には在庫をすべて処分する必要性があります。

このように、著しく低い商品価格を設定したとしても、その価格設定に正当な理由があれば、不当廉売にはなりません。

（側注）

正当な理由がある場合とは

①需給関係から対象商品の販売価格が低落したり、原材料の価格が購入時より低くなった場合において、商品や原材料の市況に対応して販売価格を低く設定したとき、②商品の販売価格を決定した後に原材料を調達する取引において、想定しがたい原材料価格の高騰により結果として販売価格が供給に要する費用を著しく下回ることとなったときなどは「正当な理由」があるものと考えられる。

不当廉売にあたらないとする例

生鮮食料品のようにその品質が急速に低下するおそれがあるものや季節商品のようにその販売の最盛期を過ぎたものについて、見切り販売をする必要がある場合は、可変的性質を持つ費用を下回るような低い価格を設定することに「正当な理由」があるものと考えられる。キズ物、はんぱ物その他の瑕疵のある商品について相応の低い価格を設定する場合も同様に考えられる。

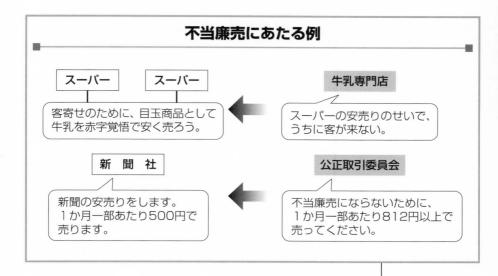

不当廉売にあたる例

スーパー　スーパー
客寄せのために、目玉商品として
牛乳を赤字覚悟で安く売ろう。

牛乳専門店
スーパーの安売りのせいで、
うちに客が来ない。

新　聞　社
新聞の安売りをします。
１か月一部あたり500円で
売ります。

公正取引委員会
不当廉売にならないために、
１か月一部あたり812円以上で
売ってください。

■ 具体例にはどんなものがあるのか

　不当廉売に該当するとされた事例について２つ紹介します。

　２つの大手のスーパーマーケットがある地域で、その２つの
スーパーマーケットが目玉商品である牛乳を原価割れするよう
な値段で販売したことが不当廉売であるとされた事例がありま
す。この２つのスーパーは、消費者が自分の店舗へ足を運ぶよ
うに、目玉商品である牛乳の価格を著しく低く設定していました。

　しかし、これによって大手スーパーの周辺にいる牛乳専門店
は、自分の店に客が来なくなり、大きな痛手を受けました。牛
乳専門店が牛乳市場から排除される可能性があるので、２つの
大手スーパーの牛乳の価格設定は不当廉売であるとされました。

　また、中部地域において、新聞社が原価を下回る価格で新聞
を販売したことが不当廉売であるとされた事例もあります。公
正取引委員会は、不当廉売とならないためには１か月一部あた
り812円以上で販売することが必要であるにもかかわらず、そ
の新聞社は１か月一部あたり500円で販売していたので、不当
廉売に該当すると判断しました。

再販売価格の拘束

取引相手の販売価格を決めてはならない

■ どんなことなのか

商品を販売した取引の相手に対して、その取引の相手が他社に転売する際の価格を決めることを再販売価格の拘束といいます。たとえば、A社がB社に対して商品を販売して、その商品はB社からC社へ転売されていたとします。このとき、A社が、B社とC社の間の取引価格を決定することが再販売価格の拘束になります。再販売価格の拘束が行われると、商品を安売りしようとする事業者が現れなくなってしまいます。

なお、相手に対して単に希望小売価格を示すことなどは、再販売価格の拘束にはなりません。前述の例では、AがBに対して、「Cとの取引では○○円で販売してほしい」と述べているだけであれば、再販売価格の拘束にはなりません。しかし、Aが要求した価格でBがCに商品を販売した場合に、AはBに対してリベートを渡すなど、Aが提示する価格で販売することを奨励しているのであれば、再販売価格の拘束に該当します。逆に、Aが提示する価格で販売しなければ、AがBから違約金を徴収しているような場合も、Aが提示する価格をBに強制していることになるので、再販売価格の拘束に該当します。

■ 再販売価格の拘束に該当しない場合

販売価格を指定したとしても、取引相手には単なる取次をさせているような場合には、再販売価格の拘束として独占禁止法で規制されることはありません。たとえば、A社が、B社と消費者の間の取引価格を決定していたとしても、B社はA社から

再販売価格の拘束

本文の例では、Bが商品の安売りを行おうとしても、AがBとCの間の取引価格を決定しているために、安売りができない。安売りができなければ、事業者は価格競争ができない。そのため、再販売価格の拘束は不公正な取引方法として独占禁止法により規制されている。

リベート

本文の例でいえば、Aの要求に従ったことに対する報酬。

その他再販売価格の拘束にあたる場合

「○○円で販売せよ」というように特定の金額を指定した場合だけでなく、「指定する金額の○%引き以内の価格」というように、価格に幅をもたせている場合でも、再販売価格の拘束に該当する。

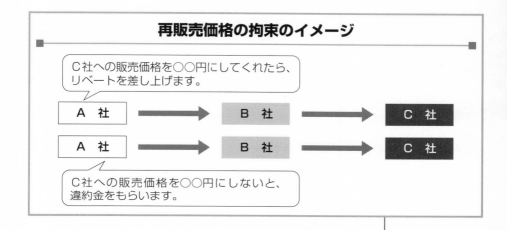

再販売価格の拘束のイメージ

> C社への販売価格を○○円にしてくれたら、リベートを差し上げます。

| A 社 | → | B 社 | → | C 社 |

| A 社 | → | B 社 | → | C 社 |

> C社への販売価格を○○円にしないと、違約金をもらいます。

委託を受けて販売しているというような場合には、A社が消費者に対して直接販売しているのと同じであるため、再販売価格の拘束には該当せず独占禁止法に違反しません。

A社が消費者に対して直接販売しているといえるかどうかは、商品を販売した場合の利益や商品が売れ残った場合のリスクを誰が負っているかで判断します。商品が売れた場合の利益をA社が受け取り、商品が売れ残った場合にA社がすべて在庫を引き取っているのであれば、B社は単にAに委託されて商品を販売しているにすぎません。消費者に対する商品の販売についてA社がすべてのリスクを負っているので、A社が消費者に直接販売しているといえ、A社がB社に販売価格を指定したとしても、独占禁止法に違反しません。

逆に、商品が売れ残った場合のリスクをB社が負っているような場合には、A社が直接に消費者に商品を販売していることにはなりません。商品が売れ残ったときに、A社から買い取った商品の在庫をB社が処分しているのであれば、B社が売れ残りのリスクを負担していることになります。この場合に、A社が再販売価格を決定することは、再販売価格の拘束として独占禁止法で規制されます。

優越的地位の濫用

∙∙

立場を利用して不当な要求をしてはならない

■ 優越的地位とは

優越的地位とは、取引の相手方との関係で相対的に優位な状況にあることをいいます。

たとえば、大企業であれば、取引先の中小企業に対して優越的な地位にあることが多いといえます。中小企業にとっては、大企業が重要な取引先であり、大企業との取引を絶たれると経営が立ち行かなくなる可能性があるといえます。そのような場合には、大企業が取引先の中小企業に対して優越的な地位にあるといえます。

また、企業の規模が大きくない場合であっても、取引先に対して優越的地位に立つことがあります。たとえば、ある商品の製造過程において1つの中小企業しか持っていない技術や特許を利用する必要がある場合、その中小企業は、たとえ取引先（製造業者）の中に大企業がいるとしても、その大企業を含めた取引先と比べて優越的な地位にあるということができます。

優越的地位にある企業から何らかの要求をされた場合、他の企業はその要求に従わざるを得ません。このように、取引の相手方からの不当な要求を受け入れなければならない関係がある場合に、その取引の相手方に優越的地位があることになります。

■ どんな行為なのか

取引上優越的地位にある事業者が、自らが優越的地位にあることを利用して、取引先に対して、自らに経済的な利益を提供させたり、取引先にとって不利な取引条件を押し付けたりする

優越的地位の濫用

独占禁止法は、取引上優越した地位にある事業者が、取引の相手方に対し、協賛金負担や従業員派遣などにより、正常な商慣習に照らして不当に不利益を与えることを禁止している。

地位が優越しているかどうか

①取引の相手方の行為者に対する取引依存度、②行為者の市場における地位、③取引の相手方にとっての取引先変更の可能性、④その他行為者と取引することの必要性を示す具体的事実を総合的に考慮して判断する。

優越的地位の濫用事例のまとめ

事例	濫用の内容
事例1 大手のコンビニエンスストアが、商品を納入する業者に対して不当に金銭の提供を要求し、日用雑貨を代金1円で納入させていたという事例	大手のコンビニに商品を納入している業者は、大手のコンビニが重要な取引先となっているので、商品の代金を1円にするという理不尽な要求にも従わざるを得ない。そのため、この大手のコンビニによる行為が優越的地位の濫用に該当する。
事例2 商品の納入業者に対して、大手の百貨店がさまざまな不当要求をしたという事例	大手百貨店は、自己の店舗で行う催し物の費用の一部を商品の納入業者に負担させたり、百貨店が販売している商品を購入させていた。その催し物や商品は、大手百貨店と納入業者との本来の取引とは関係がないものであるが、多くの納入業者にとってこの大手百貨店は重要な取引先なので、大手百貨店の要求を断ることはできない。そのため、大手百貨店の行為は優越的地位の濫用に該当する。
事例3 大手のディスカウントストアが商品の納入業者に対して不当な要求をしたという事例	大手のディスカウントストアは自社の店舗を新規にオープンする際に、商品陳列の作業を納入業者の従業員に行わせるといったことをしていた。納入業者の多くは、この大手のディスカウントストアが重要な取引先となっており、大手のディスカウントストアの要求に従わざるを得ない。そのため、この大手のディスカウントストアの行為は優越的地位の濫用に該当する。

など、取引先に対して不当に不利益を与える行為が優越的地位の濫用になり、独占禁止法で規制されます。優越的地位の濫用の事例には上図のようなものがあります。

単独の取引拒絶

不当に取引を拒否してはいけない

■ どんな行為なのか

特定の事業者との取引を拒絶したり、他の事業者に特定の事業者との取引を拒絶させることを単独の取引拒絶といいます。

単独の取引拒絶には、直接の取引拒絶と間接の取引拒絶があります。直接の取引拒絶とは、A社とB社が取引関係にある場合に、A社がB社との取引を拒絶することをいいます。間接の取引拒絶とは、A社がB社と取引をしており、B社はC社と取引をしているときに、A社がB社に対してC社との取引を止めさせることをいいます。つまり、自社が取引先との取引を拒絶することが直接の取引拒絶、取引先に他社との取引関係を拒絶させるのが間接の取引拒絶になります。取引拒絶には、単独の取引拒絶の他に共同の取引拒絶があります。事業者が単独で取引拒絶を行うのが単独の取引拒絶、他の事業者と共同して取引拒絶をするのが共同の取引拒絶になります。

どのような相手と取引をするかについては、本来は事業者が自由に決定できる事柄です。そのため、自社が単独で特定の相手との取引を拒絶することは、それだけで単独の取引拒絶として独占禁止法により禁止されるわけではありません。

しかし、市場での競争を阻害する効果が生じる場合に、単独の取引拒絶が独占禁止法によって規制されます。

■ 違法な取引拒絶にあたる場合とは

単独の取引拒絶が行われることで取引を拒絶された者の事業活動が困難になる場合には、単独の取引拒絶が公正な競争を阻

**共同の取引拒絶
について**

58ページ参照。

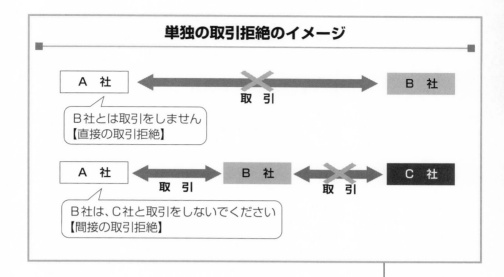

単独の取引拒絶のイメージ

A 社 ← 取 引 → B 社

B社とは取引をしません
【直接の取引拒絶】

A 社 ← 取 引 → B 社 ← 取 引 → C 社

B社は、C社と取引をしないでください
【間接の取引拒絶】

害する効果をもつので、取引の拒絶が独占禁止法によって禁止されます。事業者の事業活動が困難になってしまうと、市場で競争をする事業者の数が減少し、市場での競争が失われてしまいます。そのため、単独の取引拒絶により事業の継続ができなくなる事業者がいる場合には、取引の拒絶が禁止されます。

また、他の独占禁止法に反する行為のための手段として単独の取引拒絶を行う場合も、公正な競争が阻害されるので、単独の取引拒絶が独占禁止法によって禁止されます。

たとえば、再販売価格の拘束を行うための手段として単独の取引拒絶が行われることがあり得ます。A社・B社・C社の順で商品が流通し、A社がB社とC社の間の取引価格を決めることが再販売価格の拘束ですが、B社がA社の要求に従わなかった場合に、自らの要求に従わなかったことの制裁としてA社がB社との取引を拒絶したとします。この場合、A社は再販売価格を拘束するために取引拒絶という手段を用いているので、独占禁止法に反する行為の手段として単独の取引拒絶が行われているといえます。

再販売価格の拘束
66ページ参照。

不当な顧客誘引

消費者に誤認させてはならない

■ 不当な利益による顧客誘引

不当な利益によって、競争者の顧客を自分と取引するよう誘引することを不当な利益による顧客誘引といいます。

たとえば、商品を購入した際に、高額の景品を付けることが不当な利益による顧客誘引に該当します。商品に付随して提供するのは物品だけではなく、金銭やサービスを提供することも不当な利益に該当します。

不当な利益による顧客誘引に該当するとされた事例には、ルームクーラーの購入者に対してテレビなどを提供したという事例があります。この事例では、ルームクーラーを販売している事業者がルームクーラーを購入した者に対して、カラーテレビを提供したり飛行機等を利用した旅行に招待したりしていました。上記の行為がなされた当時は、カラーテレビは非常に高価なもので、飛行機を利用した旅行も現在ほど手軽に行けるものではなかったことから、ルームクーラーにこれらの商品やサービスを付けることが不当な利益による顧客誘引であるとされました。

なお、不当な利益による顧客誘引は、独占禁止法だけではなく景品表示法（PART 6 参照）による規制を受けます。

■ ぎまん的顧客誘引

ぎまん的顧客誘引とは、不当な顧客誘引の形態のうちのひとつです。自分の販売している商品等が、実際のものや競争者の商品等と比べて著しく優良なものだと顧客に誤認させて、競争者の顧客を自分と取引するよう誘引することがぎまん的顧客誘

景表法違反とされた事例

事例	違反内容
事例1 旅行会社がパンフレットに「沈まない太陽を訪れる」という表現を用いて、いつでも「沈まない太陽」である白夜を体験できるという広告をしたが、実際には「沈まない太陽」を必ず見ることができるというわけではなかったという事例	旅行会社のいつでも「沈まない太陽」である白夜を体験できるという広告行為が景表法に違反するとされた。
事例2 司法試験対策講座を提供している事業者が司法試験合格者の9割以上がこの事業者の司法試験対策講座を受講していたかのごとく広告をしており、そのことが景表法違反であるとされた事例。	実際には、「9割以上」という数字は、口述試験会場までの送迎バスを利用した者や受験願書の提供を受けた者など、司法試験対策講座を受講していない者を含めて算出されたものだった。そのため、この事業者の広告は景表法に違反するとされた。

引になります。

　商品等に関して顧客に誤認させるための手段は問いません。商品のパッケージの表示だけではなく、新聞やテレビでの広告や商品の使い方を実演するという広告も、商品が実際のものよりも著しく優良であると顧客に誤認させるものであれば、ぎまん的顧客誘引に該当します。ぎまん的顧客誘引が問題になる典型例は、商品の表示と商品の内容が異なっているというケースです。かつて、牛の絵が描かれた缶詰の中に馬や鯨の肉が入っていたという事件があったのですが、当時、牛肉は馬肉や鯨肉より高級品だったので、この缶詰業者が行ったことはぎまん的顧客誘引に該当します。

　なお、自己の商品について実際のものより著しく優良であると表示することは、景表法によっても規制されています（優良誤認表示）。

にせ牛缶事件
132ページ欄外参照。

抱き合わせ販売等

不要な商品を押し付けてはならない

■ どのようなことなのか

　取引の相手方に対して、本来販売しようとしている商品や
サービスにあわせて、他の商品やサービスを購入させることを
抱き合わせ販売といいます。主たる商品をＡ、従たる商品をＢ
とした場合に、ＡとＢを合わせて販売することが抱き合わせ販
売になります。自社がＡを販売する場合に、Ａとあわせて取引
の相手方に自社が指定する事業者からＢを購入させることも抱
き合わせ販売に該当します。

　抱き合わせ販売となるためには、主たる商品と従たる商品が
全く別の商品であることが必要であり、１つの商品として扱わ
れている場合には抱き合わせ販売にはなりません。たとえば、
レンタカーを貸すときに自動車保険をセットで販売したとして
も、レンタカーと自動車保険を合わせて１つの商品として扱う
ことができるので、この２つを合わせて販売しても抱き合わせ
販売にはなりません。

　また、抱き合わせ販売となるためには、主たる商品と従たる
商品を合わせて購入することを買い手が強制させられているこ
とも必要です。たとえば、歯ブラシと歯磨き粉を合わせて「旅
行用」として販売しているとしても、消費者が歯ブラシと歯磨
き粉をそれぞれ個別に購入することができるのであれば、歯ブ
ラシと歯磨き粉を合わせて購入するよう強制させられているわ
けではありません。この場合は「旅行用」としてこの２つを合
わせて販売したとしても、抱き合わせ販売にはなりません。

　抱き合わせ販売が行われると、顧客が不要な商品を購入させ

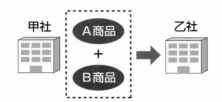

抱き合わせ販売のイメージ

甲社　A商品 ＋ B商品　→　乙社

乙社はA商品だけ欲しくても
B商品とセットでの購入を強制される
→ 抱き合わせ販売
→ 独占禁止法で禁止！

られてしまいます。また、主たる商品の市場での競争が従たる
商品の市場での競争に影響を与えます。そのため、抱き合わせ
販売は独占禁止法によって禁止されています。

■ どんな具体例があるのか

　パソコンのソフトを制作している会社（A社とします）の行
為が抱き合わせ販売であるとされた事例があります。A社は、
自社が開発したワープロソフトを表計算ソフトと合わせてパソ
コンに搭載するようパソコン製造業者に要求しました。A社の
開発した表計算ソフトは消費者に人気があったので、パソコン
製造業者はA社の表計算ソフトを搭載する必要がありました。
そのため、パソコン製造業者はA社の要求を受け入れ、ワープ
ロソフトと表計算ソフトを合わせてパソコンに搭載しました。
このようなA社の行為は抱き合わせ販売に該当します。

　ゲームソフトを販売している会社（B社とします）の行為が
抱き合わせ販売であるとされた事例もあります。B社は、人気
ゲームソフトに不人気ゲームソフト3本を合わせて小売業者に
販売しました。小売業者は人気ゲームソフトを手に入れるため
に、B社の要求通り不人気ゲームソフト3本を合わせてB社か
ら購入せざるを得ませんでした。このようなB社の行為は抱き
合わせ販売に該当します。

**抱き合わせ販売の
問題点**

従たる商品の市場での
競争が失われる可能性
がある。

排他条件付取引

秘密を守るために許されることもある

■ どんな行為なのか

　相手方が自分の競争者と取引をしないことを条件としてその相手方と取引を行い、競争者の取引の機会を減少させるおそれを生じさせることを排他条件付取引といいます。

　排他条件付取引の形態は3つのパターンに分けられます。

・パターン1

　商品の売り手が、商品を購入する者に対して自分の商品のみを購入させる排他的供給取引です。たとえば、AとBが同じ商品を販売しており、その商品をCが購入しているという関係がある場合に、AがCに自分の商品のみを購入させ、CがBから商品を購入することを禁止するというのが排他的供給取引になります。

・パターン2

　商品の買い手が商品の売り手に対して、買い手の競争者に商品を供給しないことを条件として取引をする排他的受入取引です。たとえば、Dが商品を販売しており、EとFがその商品を購入するという関係がある場合に、EがDに商品をすべてEに販売するよう命じ、DからFに商品を販売することを禁止するというのが排他的受入取引になります。

・パターン3

　取引を行う者同士が、互いに相手方とのみ取引をする相互排他条件付取引です。商品の売り手も買い手のどちらも、特定の相手としか取引をしないことにするのが相互排他条件付取引になります。

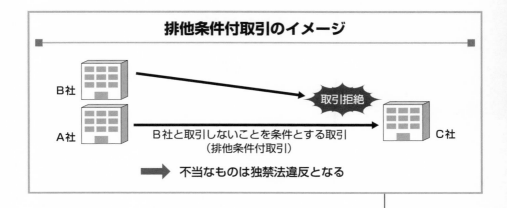

排他条件付取引のイメージ

B社

A社 → B社と取引しないことを条件とする取引
（排他条件付取引）

取引拒絶

C社

➡ 不当なものは独禁法違反となる

■ 不当性がなく独占禁止法で禁止されない場合もある

　たとえば、完成品となる商品を製造している業者が、商品の
部品を作っているメーカーに原材料を供給して、自分の商品の
部品を作らせている場合に、完成品製造業者が部品メーカーの
製造する部品をすべて自分に納入させることは、独占禁止法に
違反しないとされる場合があります。完成品製造業者は自分の
商品の部品を作る目的で部品メーカーに原材料を提供しており、
部品メーカーの製作する部品をすべて完成品製造業者に販売さ
せる正当な理由があるといえるからです。

　また、商品の完成品を製造している業者が、商品の部品を製
造している業者に対して、自社の保有している秘密のノウハウ
を提供することで商品の部品を製造させている場合には、部品
製造業者の作る部品をすべて完成品製造業者に販売させること
は不当ではありません。この商品の部品は、完成品製造業者が
秘密にしているノウハウを使って作られています。そのため、
この部品が他の企業に販売されてしまうと、完成品製造業者が
秘密にしているノウハウが流出する可能性があります。自社の
保有しているノウハウの流出を防ぐという正当な理由があるの
で、部品製造業者の製造する部品を自社に対してのみ販売させ
ることは独占禁止法に違反しません。

独占禁止法上問題とならない例

プラットフォーム運営事業者が、自らのプラットフォームを利用するソフトウェアのメーカーに対し、特定のソフトウェアの開発費用を一部負担すること等の見返りとして、当該ソフトウェアを一定期間自らのプラットフォームのみを通じて配信するよう義務付けたとしても独占禁止法上問題となるものではない。

拘束条件付取引

販売地域、販売相手、販売方法などを限定してはならない

■ どんな行為なのか

　相手方の事業活動を不当に拘束する条件をつけて、その相手方と取引をすることを拘束条件付取引といいます。

　前述した再販売価格の拘束や排他条件付取引は、不当な条件をつけて相手方と取引をするという点では拘束条件付取引と同様です。しかし、再販売価格の拘束や排他条件付取引以外にも、取引の相手方を不当に拘束するパターンがあります。そのような再販売価格の拘束や排他条件付取引に該当しない取引相手の拘束が、拘束条件付取引として規制されます。ここでは、どのような条件を付して取引をした場合に、拘束条件付取引として独占禁止法による規制を受けるのかを見ていきます。

■ 拘束のパターン

　拘束のパターンとしてまず挙げられるのが地域制限です。地域制限とは、取引の相手方に対して商品を販売する地域を限定する条件を付して、その商品を販売することをいいます。たとえば、商品のメーカーＡが、流通業者のＢ、Ｃ、Ｄに対して、「Ｂは東北で、Ｃは関東で、Ｄは関西でのみ商品を販売し、指定された地域以外で商品を販売してはならない」という条件をつけて商品を販売することが地域制限になります。地域制限は、業者間での競争が行われることを防ぎ、商品の価格を低下させないことを目的として行われます。

　取引先の制限という拘束のパターンもあります。取引先の制限とは、取引の相手方に対して商品を販売する相手を限定する

再販売価格の拘束

66ページ参照。

排他条件付取引

76ページ参照。

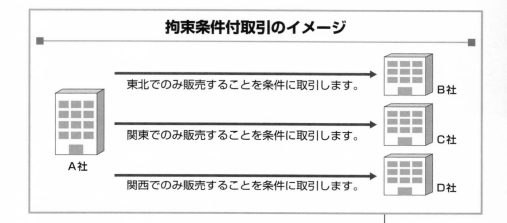

拘束条件付取引のイメージ

A社 → 東北でのみ販売することを条件に取引します。 → B社

A社 → 関東でのみ販売することを条件に取引します。 → C社

A社 → 関西でのみ販売することを条件に取引します。 → D社

条件をつけてその商品を販売することをいいます。

　たとえば、商品のメーカーEが、卸売業者F、Gに対して、「Fは小売業者H以外に商品を販売してはならず、Gは小売業者I以外に商品を販売してはならない」という条件をつけて商品を販売することが取引先の制限になります。取引先の制限は、安売り業者が商品を入手することを防止する目的で行われます。取引先を制限する条件を付しておけば、新規参入してきた安売り業者が卸売業者から商品を入手しようとしても、商品の取引相手がメーカーEによって限定されているので、安売り業者が商品を手に入れることはできません。

　販売方法の制限も、拘束のパターンのうちのひとつです。販売方法の制限とは、商品の販売の際に、その商品の使用方法について消費者に説明するのを義務付けることや、商品の品質管理のための方法を限定すること、店舗内での商品の陳列場所を指定することなどをいいます。ただし、販売方法の制限を行ったとしても、合理的な理由があれば、独占禁止法違反とはなりません。

　たとえば、医薬品メーカーが医薬品販売業者に対して、医薬品を販売する際には消費者に医薬品の服用について指導するように義務付けていたことは、合理的な理由のある販売方法の制限です。

取引妨害や内部干渉

· ·

競争者の契約を妨害してはならない

■ 取引妨害とは

　取引妨害とは、競争者とその相手方との取引を妨害すること
をいいます。たとえば、AとBが取引をしており、CがAとの
競争関係にあるという状態で、CがBに対してAと取引をする
ことを止めるように要求するなどしてAB間の取引を妨害した
場合には、Cの行為は取引妨害に該当します。

　どのような手段であったとしても、競争者の取引を妨害すれ
ば取引妨害となります。過去には、取引先を威圧することで競
争者の取引を妨害したという事例があります。

　また、競争者との間で契約を締結している顧客に対して、一
定の利益を提供することで競争者との契約を解除させることも
取引妨害に該当します。前述した例では、AとBが既に契約を
締結しているにもかかわらず、CがBに対して「Aとの契約を
解除して自分と契約してくれたら商品の値引きをする」ともち
かけて、BにAとの契約を解除させることが取引妨害に該当し
ます。

　さらに、輸入総代理店が、他の業者による並行輸入を妨害す
ることも取引妨害に該当します。輸入総代理店とは、外国の
メーカーから商品を輸入し、その商品を国内で独占的に販売し
ている企業のことをいいます。輸入総代理店は、その商品を国
内で独占的に販売することで利益を挙げていますが、別の業者
がその商品を外国のメーカーから購入して国内で販売すると、
独占的に販売することによる利益をあげられなくなってしまい
ます。この場合に、輸入総代理店が外国のメーカーに対して、

**取引妨害に該当す
るおそれのある例**

タクシー事業者の団体
が、非会員に対しては
駅前のタクシー乗り場
への乗り入れを拒絶す
ることは、非会員と顧
客との取引をさせない
ようにするものであっ
て、取引妨害に該当す
るおそれがある。

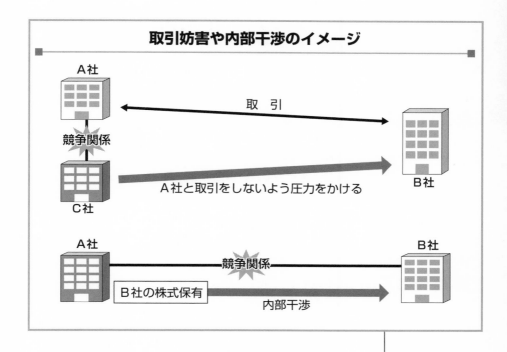

取引妨害や内部干渉のイメージ

A社

取　引

B社

競争関係

C社

A社と取引をしないよう圧力をかける

A社

B社

競争関係

B社の株式保有

内部干渉

別の業者に商品を販売しないよう依頼することがあります。このような輸入総代理店の行為が取引妨害に該当します。

■ 内部干渉とは

　競争関係にある会社の株主や役員に対して、その会社の不利益となるような行為をそそのかしたり、強制したりすることは内部干渉になります。

　たとえば、A社とB社が競争関係にあり、A社はB社の株式の一部を保有しているという場合に、A社が株主権を行使してB社の経営に不利益となるように干渉することは内部干渉になります。他にも、B社の株主や役員に金銭等の利益を渡して、B社の意思決定に不当な影響を与えることも内部干渉になります。

　また、これらの手段でなくても、競争関係にある会社の意思決定に干渉すれば内部干渉となります。

その他の不公正な取引にあたる場合

・・・・・・・・・・・・・・・・・・・・・・・・・・・・・・・・・・・・

親子会社の取引であれば不公正な取引にならない場合がある

■ 国際的協定や国際的契約についての規制

独占禁止法6条では、不当な取引制限や不公正な取引方法を内容とする国際的協定や国際的契約を締結してはならないと定められています。

日本の事業者と外国の事業者の間の契約によって、不当な取引制限や不公正な取引方法に該当する行為が行われる場合には、不当な取引制限（独占禁止法3条）や不公正な取引方法（独占禁止法19条）の規定によって、日本の事業者と外国の事業者の間で行われる行為を規制することが可能です。

これに対して、独占禁止法6条では、不当な取引制限や不公正な取引方法を内容とする国際的協定や国際的契約を締結することそれ自体を禁止しています。日本の事業者が国際的協定や国際的契約を締結した場合でも、その協定や契約を締結しただけで不当な取引制限や不公正な取引方法に該当しなければ、不当な取引制限や不公正な取引方法の規定を適用することはできません。しかし、独占禁止法6条の規定によれば、このような協定や契約を締結した段階で事業者を独占禁止法によって規制することができます。

また、外国の事業者と日本の事業者が不当な取引制限や不公正な取引方法に該当する行為をしているが、外国の事業者の支店や事務所が日本にないなどの理由で、手続的に外国の事業者に対して独占禁止法を適用することができない場合でも、日本の事業者に対しては独占禁止法6条を用いることで規制をかけることができます。

独占禁止法3条

「事業者は、私的独占又は不当な取引制限をしてはならない。」と規定している。

独占禁止法6条

「事業者は、不当な取引制限又は不公正な取引方法に該当する事項を内容とする国際的協定又は国際的契約をしてはならない。」と規定している。

不公正な取引方法による規制を受けない場合

親会社が子会社の株式を 100%保有している場合

➡️ 通常、親子会社間の取引は実質的に同一企業内の行為に準ずるものと見ることができるので、原則として不公正な取引方法による規制を受けない

親会社が子会社の株式を 50%を超えて保有している場合で、親会社から子会社への役員派遣の状況、子会社の財務状況や営業状況への親会社への関与の方法などから、親子会社間の取引が実質的に同一企業内の行為に準ずるものと判断できるとき

➡️ 原則　不公正な取引方法による規制を受けない
　　例外　親会社が子会社に対して、子会社の取引先である第三者の事業活動を制限するよう指示をしているような場合には、親会社の行為は不公正な取引方法による規制の対象となる。

　なお、独占禁止法6条に違反している事業者に対しては、公正取引委員会は違反行為に対して排除措置命令をすることが可能です。

■ 親子会社間の取引とは

　不公正な取引方法は、事業者間の公正な競争が阻害されるために独占禁止法によって禁止されています。

　しかし、事業者同士が親子会社（株式を持つといった方法により、他社を支配する親会社と、親会社に支配されている子会社のこと）のような関係にあると、不公正な取引方法としての規制を及ぼすことが妥当ではない場合があります。親会社がどのような条件をつけて子会社と取引したとしても、一つの企業の中での活動であると見ることもできるからです。そのため、上図のような事情がある場合には、原則として不公正な取引方法による規制を受けません。

Column

差別的取扱い

　独占禁止法上、差別的取扱いも不公正な取引方法のひとつですが、どのような行為が差別的取扱いにあたるのでしょうか。特定の事業者に対して、取引の条件または実施について、他の事業者と比べて不当に有利または不利な取扱いをすることを、差別的取扱い（取引条件等の差別取扱い）といいます。

　取引の条件であれば、代金の決済方法、商品の引渡し方法など、あらゆる取引条件等の差別的取扱いが、不公正な取引方法のひとつとして独占禁止法の規制の対象となる可能性があります。また、差別的取扱いは、事業者だけではなく、事業者の連合体である事業者団体によって行われる場合もあります。通常、事業者団体が市場での競争を制限する行為は、事業者団体としての規制を受けますが（50ページ）、これ以外にも、差別的取扱いについては事業者団体としての行為についても、事業者団体が特定の事業者を差別的に取り扱う行為は不公正な取引方法のひとつとして独占禁止法の規制がかけられています。

　どの事業者とどのような取引条件で取引するかについては、本来は各事業者が自由に決定できる事柄です。そのため、取引相手ごとに異なる取引条件を付したことを理由に、直ちに差別的取扱いとして独占禁止法の規制を受けるわけではありません。

　しかし、事業者ごとに異なる取引条件を付することで、公正な競争を阻害する効果を生じさせる場合には、差別的取扱いに該当するとして、独占禁止法による規制がなされます。たとえば、差別的な取扱いを受けた事業者の事業活動が困難になり、市場での競争者の数が減少するような場合には、市場での競争が失われてしまうので、取引相手ごとの取引条件の差別が禁止されます。

PART 4

企業結合についての規制

企業結合とは

企業間がお互いの利益のために結びつくこと

■ 企業結合とは

　合併や事業譲渡など、企業間がお互いの利益のためにさまざまな形態で結びつくことを企業結合といいます。企業結合をするための手段としては、合併、株式分割、株式交換・株式移転、事業譲渡、会社間での役員の兼任、共同出資といったさまざまな手法があります。主な企業結合手法の概要は以下の通りです。

① 合併

　合併とは、複数の会社がひとつの会社になることです。合併には吸収合併と新設合併があります。吸収合併は、合併する複数の会社のうちの1社が存続して、他の会社を吸収する方式です。新設合併とは、新しい会社を作って、合併する複数の会社が新会社に吸収される方式です。いずれの場合も吸収された会社は消滅します。

② 会社分割

　会社分割とは、1つの会社を2つ以上の会社に分けることです。会社分割には吸収分割と新設分割があります。吸収分割とは、会社が切り分けた事業を既存の他の会社に継承させる方法です。新設分割は、切り分けた事業を新設した会社として継承させる方法です。事業を分割する側の会社を分割会社、事業を継承する会社を承継会社と呼びます。

③ 株式交換・株式移転

　株式交換や株式移転は、完全親子会社を作るための制度です。親会社となる会社が既存の会社である場合を株式交換といい、新設会社である場合を株式移転といいます。また、2社以上の

完全親子会社

子会社の株式を親会社がすべて保有しているという関係の会社同士のこと。

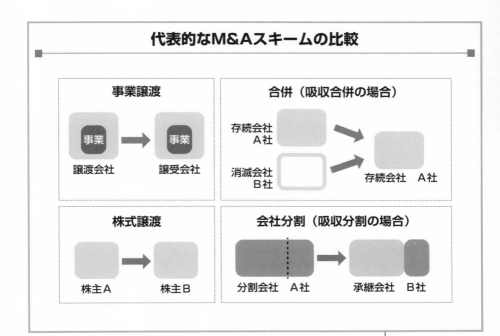

代表的なM&Aスキームの比較

事業譲渡

事業 → 事業

譲渡会社　　　譲受会社

合併（吸収合併の場合）

存続会社
A社

消滅会社
B社

存続会社　　A社

株式譲渡

株主A　　　　株主B

会社分割（吸収分割の場合）

分割会社　A社　　承継会社　B社

株式会社が共同して株式移転をすることを共同株式移転といいます。

④　**事業譲渡**

　事業譲渡とは、会社の事業を他に譲渡（売却など）することです。

　事業譲渡は取締役会の決議で行うのを原則としますが、①手がけている事業を全部譲渡する場合や、②複数ある事業のうち重要な一部の事業を譲渡する場合は、会社に不測の損害が生じるおそれが高いため、株主総会の特別決議（原則として株主の議決権の過半数をもつ株主が出席し、出席した株主の議決権の3分の2以上が賛成することにより成立する決議のこと）が必要とされています。

企業結合をするための手続き

株主総会決議や債権者保護手続きが要求されている

■ 企業結合をするための手続き

　企業結合は会社の消滅や重要な事業の移転など、株主や関係
者に重大な影響を与えますから、会社法上、書面の作成や情報
の開示、株主総会や取締役会の決議など一定の手続きを経て行
うことが要求されています。主な企業結合手法についても以下
のような手続きに沿って行う必要があります。

■ 合併の手続き

　合併は、①合併契約の締結、②事前開示（合併契約に関する
資料を本店に備え置く）、③株主総会決議（原則として当事会
社の双方で株主総会の特別決議が必要）、④反対株主の株式買
取請求、⑤債権者保護手続き（債権者に一定の事項を官報で公
告し、かつ、特定済みの債権者には個別に催告をする）、⑥登
記、⑦存続会社や新設会社による事後開示（事後開示書面を本
店に備え置く）という手続きを経て行われます。

　なお、⑤は官報での公告に加えて、日刊新聞紙での公告または
電子公告をすれば、債権者への個別の催告が不要になる、との
例外があります（下記の会社分割でも同じ例外が適用されます）。

■ 会社分割の手続き

　会社分割の手続きは合併とほぼ同じです。つまり、①会社分
割契約の締結（吸収分割の場合）または会社分割計画書の作成
（新設分割の場合）、②事前開示、③労働者保護手続き、④株主
総会決議（原則として当事会社の双方で特別決議が必要）、⑤

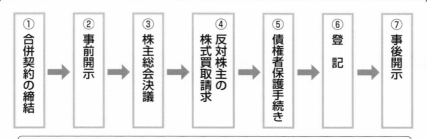

合併手続の流れ

① 合併契約の締結 → ② 事前開示 → ③ 株主総会決議 → ④ 反対株主の株式買取請求 → ⑤ 債権者保護手続き → ⑥ 登記 → ⑦ 事後開示

① 吸収合併は存続会社と消滅会社との間で、新設合併は消滅会社同士で合併契約を結ぶ

② 株主や会社債権者のために合併に関する資料を存続会社と消滅会社の各本店に備え置く（合併の効力発生日から6か月経過まで備え置く）

③ 株主総会決議については、原則として存続会社、消滅会社双方で株主総会の特別決議が必要

④ 合併に反対する株主は会社に対して公正な価格での株式の買取りを請求できる

⑤ 債権者に対する公告を行う。また、存在を知っている債権者には個別の催告が必要

⑥ 効力発生日から2週間以内に登記をする

⑦ 事後開示書面（消滅会社から引き継いだ権利義務などの事項）を本店に備え置き、株主や会社債権者が閲覧できるようにする（備え置く期間は、効力発生日から6か月間）

反対株主の株式買取請求、⑥債権者保護手続き（官報で公告、特定済みの債権者には個別の催告）、⑦登記、⑧事後開示という手続きを経ます。

　①は新設分割の場合、自社のみで行うことから、契約締結ではなく「計画書の作成」です。また、③は「会社分割に伴う労働契約の承継等に関する法律」（労働契約承継法）によって、労働者や労働組合に対する書面（転籍などに関する事項を記載）の通知や、労働者による異議申立ての制度などが設けられています。

労働契約承継法

会社分割が行われるときには、元の分割会社の事業に従事していた労働者も承継される。そのため、労働者の保護を図ることを目的として、労働者に対する通知や労働協約の承継などに関する規定を設けている。

■ 株式移転の手続き

　株式移転は、①株式移転計画書の作成、②事前開示（完全子会社となる会社の本店に株式移転に関する資料を本店に備え置く）、③株主総会決議（原則として完全子会社となる会社において株主総会の特別決議が必要）④完全親会社となる持ち株会社の設立、⑤反対株主の株式買取請求権、⑥登記、⑦事後開示（完全親会社と完全子会社は、完全親会社成立の日から6か月間それぞれの本店に事後開示書面を備え置く）という手続きを経て行われます。株式移転は原則として債権者保護手続きが不要である点が合併や会社分割と異なります。

　なお、①の株式移転計画書の作成については、共同株式移転を行う場合には、株式移転を行う2社以上の株式会社が共同して株式移転計画を作成しなければなりません。

■ 事業譲渡の手続き

　事業譲渡は、①事業譲渡契約の締結、②取締役会決議（「重要な財産の処分」「重要な財産の譲受け」については、取締役会の決議が必要）、③株主総会決議、④反対株主の株式買取請求（事業譲渡に反対の株主は、会社に株式の買取を請求する権利をもつ）、⑤権利移転手続き（譲渡する事業に関連した個々の資産について、債権者の承諾や登記など個別に権利を移転させる手続き）が必要になります。

　③の株主総会決議は、事業譲渡については「事業の全部の譲渡」または「事業の重要な一部の譲渡」にあたる場合に、株主総会の特別決議が必要になります。一方、事業譲受けについては、他社の事業を全部譲り受ける場合に、株主総会の特別決議が必要になります。なお、事業譲渡や事業譲受けについて、前述したいずれにも該当しない場合は、株主総会決議を経る必要がありません。

特別決議

当該株主総会において議決権を行使できる株主の議決権の過半数（または定款で3分の1以上と定めたときはその割合）の株式をもつ株主が出席し、出席した株主の議決権の3分の2以上の多数（定款でこれを上回る割合を定めたときはその割合）の賛成により成立する決議のこと（会社法309条2項）。

完全親会社

ある会社の発行済株式の全部をもつ会社。

持ち株会社

他の株式会社の株式を保有することを通じて、収益を得る目的を持った会社のこと。独占禁止法上、持株会社は、子会社の株式の取得価額の合計額の当該会社の総資産額に対する割合が50％を超える会社を指す。「ホールディングス」という名称の下で、企業グループを形成する例が多い。

共同株式移転

87ページ参照。

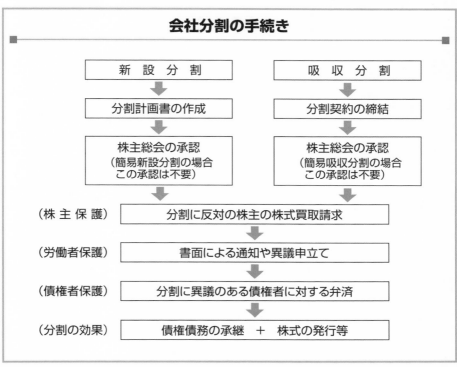

会社分割の手続き

新 設 分 割	吸 収 分 割
分割計画書の作成	分割契約の締結
株主総会の承認 （簡易新設分割の場合 この承認は不要）	株主総会の承認 （簡易吸収分割の場合 この承認は不要）

（株主保護） 分割に反対の株主の株式買取請求

（労働者保護） 書面による通知や異議申立て

（債権者保護） 分割に異議のある債権者に対する弁済

（分割の効果） 債権債務の承継 ＋ 株式の発行等

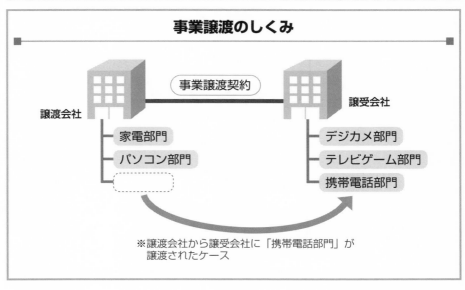

事業譲渡のしくみ

事業譲渡契約

譲渡会社

- 家電部門
- パソコン部門

譲受会社

- デジカメ部門
- テレビゲーム部門
- 携帯電話部門

※譲渡会社から譲受会社に「携帯電話部門」が
　譲渡されたケース

企業結合規制

企業同士のつながりが規制される場合がある

■ どんなことなのか

　企業結合規制とは、合併や事業譲渡などによって企業間のつながりが強くなることで市場での競争が失われる可能性がある場合に、その合併や事業譲渡などに対して制限をかけることをいいます。市場では企業同士が競争をすることで商品が改良され、価格が低下していきます。しかし、競争関係にある企業同士が合併をするなど、競争関係にある企業同士のつながりが強くなり過ぎてしまうと、その企業同士での競争が失われてしまいます。その結果、商品の改良や価格の低下が行われなくなる可能性がでてきます。このような事態を防ぐために、企業結合は独占禁止法によって規制されています。

　しかし、企業結合によって、商品の生産性、研究開発能力、流通、販売方法などの効率性が高められ、これによって消費者が利益を受ける場合もあります。そのため、企業結合を規制する際には、このような企業結合によるメリットを失わせないように配慮する必要があります。

企業結合規制に反して企業結合を行った場合

公正取引委員会は企業に対して排除措置命令を出すことができる。

■ 企業結合審査の流れ

　会社による企業結合が独占禁止法に違反しないかを公正取引委員会が審査することを企業結合審査といいます。企業結合しようとする場合は、事前に公正取引委員会に対し企業結合計画の届出書を提出します（事前届出制）。公正取引委員会は届出受理日から30日以内に、企業結合が、①独占禁止法上問題ないとして、排除措置命令を行わない旨の通知をするか、②詳細な

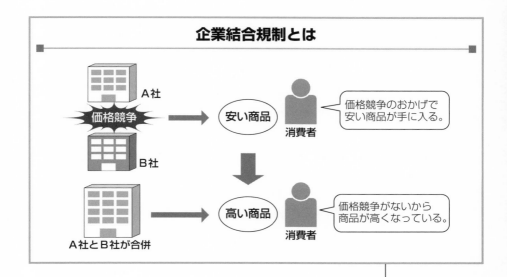

企業結合規制とは

A社

価格競争

B社

→ 安い商品 消費者

価格競争のおかげで
安い商品が手に入る。

A社とB社が合併

→ 高い商品 消費者

価格競争がないから
商品が高くなっている。

審査が必要であるとして報告等の要請を行うか、③独占禁止法
違反の疑いについて公正取引委員会と事業者との間の合意によ
り自主的に解決する確約手続を行うか、回答します（第１次審
査）。②を回答した場合、公正取引委員会は、届出者に報告や
資料の提出を要請し、原則、報告等を受理した日から90日を経
過した日までに、独占禁止法上問題ないか、確約手続を行うか、
排除措置命令を予定して意見聴取を行うか回答します（第２次
審査）。この回答で排除措置命令前の通知を受けた届出者は、
意見聴取を経て排除措置命令がなされる可能性があります。

■ 一定の取引分野とは

　企業結合によって、「一定の取引分野」における競争が制限
される可能性がある場合に、その企業結合が規制されます。
　一定の取引分野とは市場のことです。一定の取引分野を広く
捉えると、企業結合によって競争が制限される効果は小さくな
ります。反対に、一定の取引分野を狭く捉えるならば、企業結
合によって競争が制限される効果は大きくなります。なぜなら、

一定の取引分野を広く捉えた方が競争者が多くなり、企業結合による市場への影響が小さくなるからです。そのため、企業結合において一定の取引分野を画定することは重要だといえます。たとえば、ビール会社としてA社、B社があり、日本酒を製造しているC社、ジュースを製造しているD社があったとします。ビール会社であるA社とB社が合併した場合に、「ビールの販売市場」が一定の取引分野となるのであれば、A社とB社は2社で競争していることになります。そのため、A社とB社が合併すると競争相手がいなくなるので、この2社の合併は競争を制限する効果が強いといえます。

　しかし、「アルコールの販売市場」が一定の取引分野となるのであれば、A社、B社、C社が競争関係にあり、A社とB社が合併してもC社との競争をすることになるので、合併による競争制限効果はそれほど大きくないといえます。また、「飲み物の販売市場」が一定の取引分野となるのであれば、A社、B社、C社、D社の4社が競争関係にあるので、A社とB社の合併による市場への影響はさらに小さくなります。

　このように一定の取引分野の画定の方法によって、企業結合が独占禁止法違反となるかどうかが変わってきます。そのため、一定の取引分野の画定は重要だといえます。

■ 競争を実質的に制限することとなる場合とは

　競争が実質的に制限されるかどうかはさまざまな要素を考慮して判断します。ここでは、企業結合によって競争制限効果が生じるかにつき4つの判断要素を紹介します。なお、これ以外にも市場での競争に影響を与える事情があれば、それも含めて企業結合による競争制限効果を判断することになります。

① 企業結合を行う企業のシェア

　企業結合によって市場でのシェアが大きくなればなるほど、市場を支配する力が強くなり、競争が失われてしまいます。そ

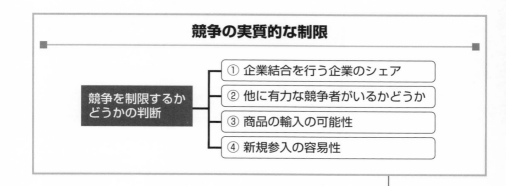

競争の実質的な制限

競争を制限するか
どうかの判断

① 企業結合を行う企業のシェア

② 他に有力な競争者がいるかどうか

③ 商品の輸入の可能性

④ 新規参入の容易性

のため、企業のシェアは企業結合によって競争が制限されるか
どうかの重要な判断要素になります。

② 他に有力な競争者がいるかどうか

　企業結合を行う企業に対抗し、多くの商品を市場に供給でき
る他の企業がいれば、企業結合が行われたとしても市場での競
争が失われません。

③ 商品の輸入の可能性

　国内で企業結合が行われたとしても、海外から同じ商品が輸
入できるのであれば、海外の企業が競争者となるので、市場で
の競争は失われません。

④ 新規参入の容易性

　新規参入が容易な業種で企業結合が行われた場合には、すぐ
に別の企業が新規参入して競争者となることができるので、企業
結合が行われたとしても、その市場での影響は小さいといえます。

■ 企業結合規制に関する注意点

　企業結合規制に関しては、平成21年に独占禁止法が大きく改
正されている（平成22年に施行）ことに注意する必要がありま
す。注意すべき改正点は、①株式取得に係る届出を事後届出制
から事前届出制に変更、②届出前相談の義務制の廃止、③届出
基準の見直しです。

**平成21年の改正
のポイント**

本文中の改正点につい
て、①の改正は、以前
は事後届出制だった
が、これを合併、会社
分割、事業譲受けと
いった企業結合と同じ
く事前届出制に変更し
た。さらに、共同株式
移転の事前届出制が新
設された。②の改正で
は、届出前相談の義務
制を廃止したことで、
企業結合審査が簡素化
され、審査期間が短縮
された。③の改正は、
事前届出制により企業
結合計画の届出書を提
出すべきとする届出基
準につき、どの企業結
合であっても、企業結
合をする企業の「国内
売上高合計額」を基準
とすることで統一した。

株式譲渡と独占禁止法の関係

株式の保有に事前の届出が必要になる

■ どんな場合に規制されるのか

　他の企業の株式を保有することで、一定の取引分野における
競争を実質的に制限することになる場合には、他の企業の株式
を保有することが禁止されます。具体的に、どのような場合に
他の企業の株式の保有が規制され、公正取引委員会による企業
結合審査の対象となるのかについて、企業結合ガイドラインは
次のように規定します。

　まず、他の株式会社の株式を取得する際、他の株式会社の総
株主の議決権に占める割合が50％を超えてしまう場合には、株
式の取得が審査の対象とされます。保有株式数は、親子会社が
保有している株式も含めて計算します。たとえば、A社がB社
株式を取得する際、A社の保有するB社株式の議決権割合が
50％を超える場合には、株式の取得が審査の対象とされますし、
A社の子会社であるC社が保有するB社の株式を含めて50％を
超える場合も、同様に審査の対象とされます。

　また、他の株式会社の株式を取得することで、他の株式会社
が発行している株式の議決権割合の20％を超えて、かつ、当該
割合の順位が単独で1位となる場合も株式の取得が審査の対象
とされます。この場合も、保有している株式の数（保有株式
数）は、親子会社が保有している株式も含めて計算します。

　他の株式会社の総株主の議決権の10％を超えて株式を取得し、
かつ、その割合の順位が3位以内という場合には、当事者と
なっている会社の取引関係や、役員兼任がなされているかなど
の事情を考慮して、株式取得が審査対象となるかが決まります。

株式譲渡についての規制

| 他の株式会社の株式を取得する際、他の株式会社の総株主の議決権に占める割合が50%を超えてしまう場合 | ➡ | 株式の取得が審査の対象となる |

| 他の株式会社の株式を取得することで、他の株式会社が発行している株式の議決権割合が20%を超えて、かつ、当該割合の順位が単独で1位となる場合 | ➡ | 株式の取得が審査の対象となる |

| 他の会社の総株主の議決権の10%を超えて株式を取得し、かつ、その割合の順位が3位以内となっている場合 | ➡ | 会社の取引関係、役員の兼任といった事情を考慮して、株式の取得が審査の対象となる |

■ 事前の届出義務がある場合

　事前の届出義務があるか否かは、国内売上高合計額によって決まります。国内売上高合計額が200億円を超える会社（A社）が、国内売上高合計額が50億円を超える会社（B社）の株式を取得する際には、A社がB社の株式を取得することでB社の総株主の議決権の20%または50%を超えて取得することになる場合に、事前に公正取引委員会に対し届け出る必要があります（事前届出制）。議決権保有の割合を算定する際には、A社の親子会社が保有しているB社の株式も含めて算定します。この届出を行った会社は、公正取引委員会が届出を受理してから30日間は、その届出をした会社の株式を取得することはできません。この禁止期間内に企業結合審査の第1次審査が行われます。

事前届出制
92ページ図参照。

　なお、事前の届出が必要になるかということと、企業結合審査が必要になるかについては、必ずしも一致するとは限りません。そのため、事前の届出が不要であっても企業結合審査が必要となる場合があるので注意が必要です。

合併等と独占禁止法の関係

∙∙∙

規模の大きな合併は禁止される場合がある

■ 合併ではどんな場合に規制されるのか

　合併をすることで、一定の取引分野における競争が実質的に制限される場合には、その合併は独占禁止法によって禁止されます。合併をしようとする会社のうち、いずれか１社の国内売上高合計額が200億円を超え、かつ、他のいずれか１社の国内売上高合計額が50億円を超える場合には、合併計画を公正取引委員会に事前に届け出ることが必要になります（事前届出制）。このような規模の大きい合併をすると、事後的に合併を解消することが困難であり、周囲に与える影響が大きいので、事前に届け出ることが義務付けられています。一方、合併は原則として企業結合審査の対象となりますが、親子会社間の合併のような場合には企業結合審査の対象とはなりません。

■ 会社分割について

　共同新設分割や吸収分割をすることで、一定の取引分野における競争を実質的に制限することとなる場合にも、その共同新設分割や吸収分割は独占禁止法によって禁止されます。共同新設分割とは、複数の会社がそれぞれ会社の一部を分割し、その分割した部分を合わせて新しい会社を新設することです。また、吸収分割とは、会社が事業の一部を他の会社に承継させることです。

　共同新設分割や吸収分割については、分割の対象が事業の全部または重要な一部である場合に、２つの会社で行われていた事業が１つの会社で行われるようになる合併に類似します。このような場合に、共同新設分割や吸収分割が合併と同じように

**企業結合審査の
対象とならない理由**

親子会社はもともと一つの企業であるのと同じように活動しているので、合併したとしても市場の競争に与える影響が小さいからである。

合併や分割などへの規制

合　併
いずれか1社の国内売上高合計額が200億円を超え、かつ、他のいずれか1社の国内売上高合計額が50億円を超える合併

会社分割
周囲への影響の大きい共同新設分割や吸収分割

共同株式移転
いずれかひとつの会社の国内売上高合計額が200億円を超え、かつ、他のいずれかひとつの会社の国内売上高合計額が50億円を超える共同株式移転

➡ 公正取引委員会への事前届出が必要

独占禁止法によって規制され、企業結合審査の対象となります。

また、共同新設分割や吸収分割を行う場合、事業の全部を承継させるのか、事業の重要部分を承継させるのかによって基準となる国内売上高合計額は異なりますが、いずれにせよその規模が大きなものになるときは、事前に分割計画を公正取引委員会に届け出ることが必要になります（事前届出制）。

■ 共同株式移転について

共同株式移転によって一定の取引分野における競争が実質的に制限される場合も、その共同株式移転は独占禁止法によって禁止されます。共同株式移転とは、複数の株式会社が共同して新しい会社を設立し、その新しく設立した会社に株式をすべて取得させることをいいます。共同株式移転をしようとする会社のうち、いずれか1社の国内売上高合計額が200億円を超え、かつ、他のいずれか1社の国内売上高合計額が50億円を超えている場合には、事前に当該共同株式移転に関する計画を公正取引委員会に届け出る必要があります（事前届出制）。

その他の企業結合

企業結合規制を受けない場合もある

■ 事業譲渡について

　会社は、①他の会社の事業の全部または重要部分の譲受け、②他の会社の事業上の固定資産の全部または重要部分の譲受け、③他の会社の事業の全部または重要部分の賃借、④他の会社の事業の全部または重要部分についての経営の受任、⑤他の会社と事業上の損益全部を共通にする契約の締結、のいずれかを行うことにより、一定の取引分野の競争を実質的に制限することになる場合には、それらの行為は独占禁止法によって禁止されます。

　①に該当する行為に関して、国内売上高合計額が200億円を超える会社（譲受会社）が、他の会社の事業の全部または重要部分を譲り受ける場合で、当該譲受けの対象部分の国内売上高（単体）が30億円を超えるときには、事前に事業譲受けに関する計画届出書を公正取引委員会に届け出る必要があります。また、②に該当する行為に関して、国内売上高合計額が200億円を超える会社が、他の会社の事業上の固定資産の全部または重要部分を譲り受ける場合で、当該譲受けの対象部分の国内売上高（単体）が30億円を超えるときにも、事前の届出が必要になります（事前届出制）。

　これらに対し、③④⑤の各行為に関しては、公正取引委員会への事前の届出は不要です。

■ 共同出資会社について

　複数の会社が共同して同じ会社に出資している共同出資会社

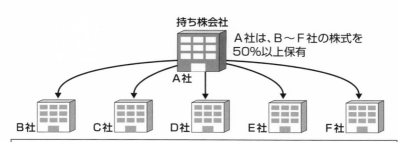

持ち株会社とその規制

持ち株会社

A社は、B～F社の株式を
50%以上保有

A社

B社　C社　D社　E社　F社

以下の①～③に該当する持ち株会社の設立は独占禁止法上禁止！
① 会社グループの規模が大きく、かつ、相当数の主要な事業分野の
それぞれにおいて別々の大規模な会社を保有する場合
② 大規模金融会社が、金融業や金融と密接に関連する業務を営む会
社以外の大規模な会社を保有する場合
③ 相互に関連性のある相当数の主要な事業分野のそれぞれにおいて
別々の有力な会社を保有する場合

により、市場での競争が制限されることもあります。本来は、
出資をしている会社が単独で行っていた事業を出資を受けてい
る共同出資会社が行う場合には、出資している会社同士の競争
が失われる可能性を検討する必要があります。

　共同出資会社に対する規制は、具体的には、株式保有や合併
に関する独占禁止法の規定（独占禁止法10条、15条）を用いて
行われます。

■ 役員兼任について

　ある会社の役員が、他の会社の役員を兼ねることによって、
一定の取引分野における競争が実質的に制限されることとなる
場合には、そのような役員の兼任は独占禁止法によって禁止さ
れています。

　「企業結合ガイドライン」では、①役員が兼任している会社の

企業結合ガイド
ライン

「企業結合審査に関す
る独占禁止法の運用指
針」のこと。

うちの１社の役員総数に占める他の当事会社の役員の割合が過半である場合（たとえば、A社の役員の過半数がN社の役員である場合）、②兼任する役員が双方の会社で代表権を有する場合などに、役員の兼任が企業結合審査の対象となると規定しています。

■ 当事者が同一の企業結合集団に属する場合

事業譲渡や役員の兼任を行う場合でも、当事者となっている会社が同一の企業結合集団に属する場合には、原則として企業結合審査の対象とはなりません。企業結合集団とは、会社、その会社の子会社、その会社の最終親会社、その最終親会社の子会社（会社、その会社の子会社を除きます）から構成される企業集団のことをいいます。「最終親会社は企業集団の頂点に君臨する会社である」とイメージするとよいでしょう。たとえば、A社、A社の子会社としてB社、A社の最終親会社としてC社、A社やB社を除くC社の子会社としてD社がいる場合、A社〜D社は同じ企業結合集団ということになります。

同一の企業結合集団に属するのであれば、もともと一つの企業であると見ることができるので、事業譲渡や役員の兼任を行ったとしても市場での競争に与える影響が少ないため、企業結合審査の対象となりません。

■ 持ち株会社の規制

持ち株会社とは、独占禁止法における定義では、子会社株式の取得価額が会社の総資産の50％を超えている会社のことをいいます。つまり、子会社の株式を保有することを主な目的としている会社が持ち株会社になります。

企業が複数の事業活動を行う場合には、通常は会社をいくつかの部署に分けて、異なる事業を別々の部署に担当させます。しかし、１つの会社を複数の部署に分けてしまうと、会社全体の事業活動が非効率になってしまうことがあります。その場合

最終親会社
他の会社の子会社ではない親会社。

持ち株会社
たとえば、「○○ホールディングス」という名称の企業グループを形成する例が多く見られる。

に、持ち株会社の制度が用いられます。持ち株会社の子会社が
それぞれの事業を独立して担当することで、効率的な事業活動
を行うことができるようになります。

　持ち株会社は、子会社の株式を保有することで子会社を支配
しています。そのため、持ち株会社が子会社の数を増やしてい
くと、持ち株会社の経済力が大きくなりすぎてしまいます。そ
のため、他の会社の株式を保有することで事業支配力が過度に
集中してしまうことになる持ち株会社は、独占禁止法によって
設立が禁止されています。

　具体的に、どのような場合に事業支配力が過度に集中してい
るといえるかについて、公正取引委員会は「事業支配力が過度
に集中することとなる会社の考え方」というガイドラインの中
で一定の基準を示しています。このガイドラインの中では、事
業支配力が過度に集中しているとされる3つのパターンが挙げ
られています。

・パターン1

　①会社グループの規模が大きく、会社グループ全体の総資産
が15兆円を超え、②売上高が6000億円を超えている業種が5つ
以上あり、それぞれにおいて別々の総資産3000億円を超える会
社を保有しているというパターンです。

・パターン2

　①総資産が15兆円を超える金融会社が、②金融業以外を営ん
でいる総資産3000億円を超える会社を保有しているというパ
ターンです。

・パターン3

　①相互に関連する5以上の売上高6000億円を超えている業種
で、②それぞれにおいて別々の売上高のシェアが10%以上の会
社を保有しているというパターンです。

　この3つのパターンのいずれかに該当する持ち株会社を設立
することは、独占禁止法によって禁止されています。

純粋持ち株会社／事業持株会社

持ち株会社自身が事業運営を行うことが禁止されているわけではない。自ら事業運営を行わず、他の株式会社を支配することのみを事業目的としている持ち株会社を純粋持ち株会社という。これに対して、自らも事業運営を行っている持株会社を事業持株会社という。

Column

共同研究開発

　企業間での共同研究開発は、一企業だけでは成し得ない研究開発を成功させ、研究開発を活発にするという点で競争を促進する効果があります。他方、共同研究開発は、複数の事業者が共同して取り決めを行うという点で、競争を抑制する効果もあります。そのため、共同研究開発は、独占禁止法に違反しないかが問題になります。

　この点について、公正取引委員会は、「共同研究開発に関する独占禁止法上の指針」の中で、共同研究開発と独占禁止法の関係に対する見解を示しています。この指針の中では、まず共同研究開発が独占禁止法上問題となるのは、主に競争関係にある事業者間で研究開発を共同化する場合であり、競争関係にない事業者間で研究開発を共同化する場合には、通常は独占禁止法上問題となることは少ないと考えています。

　その上で、共同研究開発によって競争が制限されるかどうかについては、①共同研究に参加する事業者の数やシェア（数が多くシェアが大きいほど競争が制限される効果は大きくなる）、②研究の性格（開発研究など製品市場における競争に及ぼす影響が直接的であると競争が制限される効果が大きくなる）、③共同して研究を行う必要性（共同研究の必要性が大きければ独占禁止法上問題となる可能性は低い）、④研究範囲や期間（範囲が大きく期間が長いほど競争制限効果は大きくなる）といった事柄を考慮して判断するとしています。

　また、共同研究開発に伴って、研究開発とは関係の薄い事柄まで取り決めてしまうと、その取り決めは不公正な取引方法に該当する可能性があります。具体的には、共同研究開発によって開発した商品の販売価格を制限することなどが、不公正な取引方法に該当する可能性の高い行為です。

PART 5

独占禁止法違反と対策

取引と独占禁止法の関係①

‧‧
「流通・取引慣行ガイドライン」にメーカーの流通業者に
対する行為に関する独占禁止法上の考え方を示している

■ 流通や取引慣行について

　日本の流通システムや取引慣行については、閉鎖的で新規参入が困難であるという問題点が指摘されていました。この問題点に対応すべく、公正取引委員会は、「流通・取引慣行に関する独占禁止法上の指針」（流通・取引慣行ガイドライン）の中で、商品がメーカーから流通業者（卸売業者・小売業者）を経て消費者に渡ることを念頭において、メーカーの流通業者に対する行為に関する独占禁止法上の考え方を示しています。

　流通・取引慣行ガイドラインでは、第1部で、商品のメーカーが流通業者に対して行う、①再販売価格維持行為（メーカーが流通業者の商品販売価格を決定する）、②非価格制限行為（流通業者の販売地域、取引先、販売方法をメーカーが制限する）、③リベートの供与（メーカーが流通業者に金銭などの利益を与える）、についての独占禁止法上の考え方を示しています。

　さらに、第2部では、取引先の選択に関して、顧客獲得競争の制限、共同ボイコット、単独の直接取引拒絶について言及し、第3部では総代理店について言及しています。第1部の中で、前述した①については原則として独占禁止法違反となりますが、②～③は独占禁止法違反となるかどうかについて事案に応じた判断が必要になります。

　また、①は再販売価格の拘束に該当し、②は拘束条件付取引に該当することが多いとされています。ここでは③リベートの供与について見ていきましょう。

リベート

要求を受け入れたことの見返りとして与える金銭。

リベートの供与が独占禁止法に反する可能性がある場合

① 取引先事業者の事業活動に対する制限の
手段として渡すリベート

② 自社商品の取引額の割合や、販売商品全
体に占める自社商品の割合に応じて渡す
リベート

③ 取引先事業者の扱う事業者の商品の数量
が増えると、著しく累進的に事業者から
取引先事業者へ渡されるリベートが増え
るという場合

④ 事業者が小売店へのリベートを供与する
際に、特定の流通業者の仕入高のみを計
算の基礎とする場合

独禁法違反が
問題となる！

■ リベートの供与は独禁法違反にあたるのか

　リベートの供与とは、取引の相手方に対して金銭などの利益
を与えることをいいます。メーカーから流通業者に対するリ
ベートは、さまざまな目的で受け渡されており、かつ、価格の
1つの要素として市場の実態に即した価格形成を促進するとい
う側面も持っています。

　つまり、リベートの供与が市場での競争を促進することもあ
るので、リベートの供与がなされたからといって、直ちに独占
禁止法違反となるわけではありません。しかし、リベートの供
与の方法によっては、流通業者の事業活動を制限し、独占禁止
法上問題となる場合があります。「流通・取引慣行に関する独
占禁止法上の指針」は、リベートの供与が独占禁止法に反する
ことになる可能性がある4つのパターンを示しています（上図
参照）。

取引と独占禁止法の関係②

・・・・・・・・・・・・・・・
「流通・取引慣行に関する独占禁止法上の指針」の中
でパターンが示されている

■ 総代理店契約について

　総代理店契約とは、商品を供給している事業者から、商品を販売する権限をすべて引き受ける契約です。総代理店契約の典型例は輸入総代理店契約です。総代理店契約は、競争を阻害する原因になるので、独占禁止法に違反する可能性があります。「流通・取引慣行に関する独占禁止法上の指針」の中では、総代理店契約が独占禁止法に違反する場合のパターンが示されています。

・パターン1

　契約条項の内容によって、総代理店契約が独占禁止法違反となるケースが示されています。①再販売価格の制限（供給業者Aが総代理店Bの販売価格を拘束する）、②競争品の取扱いの制限（A以外の商品をBは取り扱ってはならない）、③販売地域の制限（BはAが指定する場所でのみ商品を販売する）、④取引先の制限（Bの販売相手をAが制限する）、⑤販売方法の制限（Bによる商品の販売方法をAが指定する）といったことが総代理店契約の内容に含まれていると、独占禁止法違反となる可能性があります。

・パターン2

　供給業者Aと輸入総代理店Bとの取引とは別ルートで、同じ商品を輸入するCが出現することがあります（並行輸入）。この場合、Cが商品（偽物ではない真正商品に限る）を入手することを不当に妨害することは、独占禁止法違反となる可能性があります。Cが商品を入手できなければ、国内での商品の競争が失われてしまうので、Cの商品入手を妨害する行為は独占禁

輸入総代理店契約

海外の商品メーカーAが、Aが製作する商品の日本での販売権をすべて日本の事業者Bに与える契約が、輸入総代理店契約になる。

並行輸入

総販売代理店契約をしていない第三者が正規代理店ルートとは別ルートで海外の真正品を輸入して日本で販売すること。

総代理店契約と独占禁止法違反のパターン

外国の供給事業者

総代理店契約

日本の輸入総代理店

①再販売価格の制限、②競争品の取扱いの制限、
③販売地域の制限、④取引先の制限、⑤販売方法の制限

独占禁止法違反

止法によって規制されます。

　具体的には、①海外の流通ルートからの真正商品の入手の妨害、②販売業者に対する並行輸入品の取扱制限、③並行輸入品を取り扱う小売業者に対する契約対象商品の販売制限、④並行輸入品を偽物扱いすることによる販売妨害、⑤並行輸入品の買占め、⑥並行輸入品の修理等の拒否、⑦並行輸入品の広告宣伝活動の妨害が挙げられています。

■ 独占禁止法上問題とはならない場合

　上記ガイドラインでは、総代理店契約において、独占禁止法上問題とならない場合も例示されています。たとえば、供給業者は、契約対象商品の一手販売権を付与する見返りとして、総代理店に対し、次のような制限や義務を課すことがあります。

①　契約対象商品の最低購入数量もしくは金額または最低販売数量もしくは金額を設定すること

②　契約対象商品を販売するため最善の努力をする義務を課すこと

　しかし、これらは原則として独占禁止法上問題とはなりません。

取引と独占禁止法の関係③

独占禁止法が適用される技術の利用に関する制限行為
には、いくつかのパターンがある

■ ライセンス契約について

　ライセンス契約とは、特許等の知的財産権をもっている者が
他の者に対して、特許等の技術の使用を許諾する契約です。ま
た、特許等の知的財産権を保有し、技術の使用を許諾する者の
ことをライセンサー、技術の使用の許諾を受ける者のことをラ
イセンシーといいます。ライセンサーがライセンシーに対して
知的財産権の利用を許諾する行為や、反対に利用を制限する行
為（拒絶する行為も含む）は、原則として独占禁止法に違反す
ることはありません。しかし、知的財産制度の趣旨目的に反す
るような形での知的財産権の利用許諾や利用制限などは、そも
そも知的財産権による権利の行使とは認められず、独占禁止法
に反するものとされています。

　具体的に、どのような場合に知的財産権の利用許諾や利用制
限などが独占禁止法に違反するかは、特に問題となることが多
い技術の利用に関する制限行為について、「知的財産の利用に
関する独占禁止法上の指針」の中で示されています。

■ 技術の利用に関する制限行為について

　独占禁止法が適用される技術の利用に関する制限行為には、
いくつかのパターンがあります。

① 私的独占に該当する可能性のある行為

　ある技術の権利を有する者が、他の事業者にその技術の利用
についてライセンスを行わない場合や、ライセンスを受けずに
その技術を利用する事業者に対して差止請求訴訟を提起する場

**知的財産権の
権利の行使**

知的財産権による権利
の行使と認められる行
為には、独占禁止法が
適用されない（独占禁
止法21条）。

技術の利用についての制限行為

① 私的独占に該当する可能性のある行為

② 不当な取引制限に該当する可能性のある行為

③ 不公正な取引方法に該当する可能性がある行為

→ 独占禁止法が適用される

合、それは保有している技術に関する知的財産権の正当な権利行使であり、通常はそれ自体では問題となりません。しかし、技術を保有している事業者の間でのみ技術を用い、新規参入しようとする事業者に合理的理由なくライセンスを拒絶することで新規参入を抑制する場合などについては、知的財産権の権利行使に対しても独占禁止法が適用されます。

② **不当な取引制限に該当する可能性のある行為**

知的財産権の利用に関して、他の事業者の事業活動を相互に制限することになる場合には、独占禁止法上の不当な取引制限の規定が適用されます。たとえば、競争関係にある事業者同士が、互いに保有している技術のライセンスを行い、商品の価格や生産数量や供給先等を共同して取り決めることは不当な取引制限に該当する可能性があります。

③ **不公正な取引方法に該当する可能性のある行為**

知的財産権の権利行使であっても、不公正な取引方法で規定されている行為を行い、その行為に公正な競争を阻害する効果があれば、不公正な取引方法として独占禁止法の適用を受けます。たとえば、特定の事業者にのみライセンスを行わないことが知的財産制度の趣旨を逸脱する場合や、ライセンシーにとって一方的に不利な契約条項を付する行為は、不公正な取引方法に該当する可能性があります。

独占禁止法違反

· ·

刑罰が科されることもある

■ 制裁措置について

　独占禁止法に違反する行為を行った場合には、さまざまな制裁を受けることになります。

　独占禁止法に違反する行為が行われた場合に、公正取引委員会は排除措置命令を出すことができます。

　排除措置命令とは、独占禁止法違反となる行為を止めることを内容とする命令のことをいいます。なお、排除措置命令は、厳密には「制裁」ではなく、競争を回復して再発防止を図るために命じられる行政上の措置になります。

　一定の独占禁止法違反の行為に対しては課徴金納付命令によって、課徴金を国庫に納めることが命じられます。課徴金の額は、独占禁止法違反の行為を行っていた期間内における違反事業者の売上額を基準として算出されます。ただし、共同して不当な取引制限となる行為を行っていた事業者に先立って、不当な取引制限となる事実を公正取引委員会に報告すれば、課徴金が免除または減額される場合があります。

　また、独占禁止法違反となる行為に対して刑罰が科されることもあります。違反行為を行った会社の役員や従業員だけではなく、これらの者が所属する会社に対しても罰金刑が科されます（両罰規定）。さらに、事業者の独占禁止法違反となる行為によって損害を受けた者は、その事業者に独占禁止法違反となる行為を止めるよう求める民事上の差止請求や、損害賠償請求が可能になる場合もあります。

　このように、独占禁止法に抵触する行為を行った場合にはさ

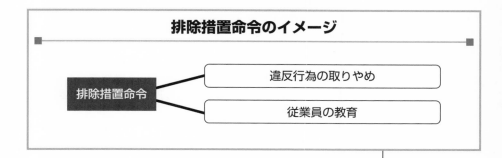

排除措置命令のイメージ

排除措置命令 ── 違反行為の取りやめ

従業員の教育

まざまな制裁を受けます。以下、排除措置命令、課徴金制度、刑罰、民事上の差止や損害賠償請求について見ていきます。

■ 排除措置命令とは

排除措置命令とは、独占禁止法に違反する行為がなされた場合に、市場での競争を回復し、再発防止を図るために公正取引委員会が出す命令のことをいいます。排除措置命令の内容は、違反行為の取り止めや従業員の教育など、個別の違反行為に応じて決められます。

公正取引委員会が排除措置命令を出す場合には、排除措置命令を受ける者に対して、あらかじめ排除措置命令の内容を通知し、意見申述と証拠提出の機会を与えることが必要です。公正取引委員会はここでの意見申述や証拠提出を踏まえて、排除措置命令を出すかどうかを判断します。排除措置命令に不服がある場合には、命令が出されてから6か月以内に、東京地方裁判所に対し、排除措置命令の取消しを求める訴訟を提起することができます。また、排除措置命令に従わなかった場合には、2年以下の懲役または300万円以下の罰金が科されます（両罰規定として法人にも罰金刑が科されます）。

なお、独占禁止法違反となる行為が既に終了している場合でも、再発防止等の目的で必要がある場合には、排除措置命令を出すことができます。

排除措置命令

たとえば、入札談合を行っていれば、公正取引委員会は事業者同士での会合を止めるよう排除措置命令を出すことになる。

■ 課徴金制度について

　課徴金制度とは、私的独占・不当な取引制限・不公正な取引方法といった独占禁止法違反となる行為を行った事業者に対して、一定の金銭を国に納付させる制度です。課徴金の納付を命じることを課徴金納付命令といいます。課徴金は、刑事罰である罰金とは別に納付が命じられます。課徴金制度の適用範囲は、以前は不当な取引制限と支配型私的独占のみでしたが、平成21年改正により現在ではこれらに加えて、排除型私的独占や不公正な取引方法の一部も適用範囲に含まれています。

　また、独占禁止法違反となる行為を主導的に行っていた者については、通常の場合よりも課徴金の額が増額されます。

　独占禁止法違反となる行為を行っていた事業を承継した会社に対しても課徴金の納付を命じることが可能です。

　令和元年改正により、独占禁止法違反となる行為が終了してから7年が経過するまでは、課徴金の納付を命じることができるようになりました。

　課徴金の額は、独占禁止法違反となる行為を行っていた期間の売上高（密接関連業務の対価を含む）に一定の算定率を掛け、談合金等の財産上の利益を加えることで算定します。課徴金の算定率は行為によって異なり、支配型私的独占や不当な取引制限の場合は10%です。また、独占禁止法違反となる行為を繰り返した事業者に対する課徴金の算定率は、通常よりも上昇します。

　一方、不当な取引制限を行った事業者が、違反行為を公正取引委員会に報告した場合には、課徴金の額が減免されることがあります。

　公正取引委員会が事業者に課徴金の納付を命じる際には、排除措置命令を出すときと同様に、事業者に対して事前通知を行い、意見陳述や証拠提出の機会を与えることが必要です。課徴金の納付命令に不服がある者は、納付命令が出されてから6か月以内に、東京地方裁判所に対し、課徴金納付命令の取消しを

課徴金の算定率
120ページ参照。

令和元年改正前の課徴金制度
かつては違反した事業者が小売業か、卸売業か、製造業など他の業種かによって算定率が異なっていたが、令和元年改正により業種別算定率は廃止され一律になった。

独占禁止法に違反する行為に対する主な罰則

違法行為	罰　則
私的独占や不当な取引制限に該当する行為を行った者	５年以下の懲役または500万円以下の罰金（独占禁止法89条）
私的独占や不当な取引制限に該当する行為を行った企業	５億円以下の罰金（独占禁止法 95 条）
不当な取引制限に該当する談合を行った場合	刑法の談合罪（３年以下の懲役または 250 万円以下の罰金）（刑法 96 条の６第２項）
公正取引委員会に対する所定の届出の不提出、または虚偽記載	200 万円以下の罰金（独占禁止法 91 条の２）

求める訴訟を提起することができます。

■ どんな刑罰があるのか

　独占禁止法違反行為のうちの多くは刑事罰の対象とされています。ただし、不公正な取引方法に抵触した場合には刑事罰は科されません。私的独占や不当な取引制限に該当する行為を行った者に対しては５年以下の懲役または500万円以下の罰金が科せられます。

　この場合、私的独占や不当な取引制限に関わった者が所属する企業に対しても５億円以下の罰金が科せられます（両罰規定）。さらに、法人の代表者が、従業員が独占禁止法違反行為を行っているのに気づいていたにもかかわらず、この独占禁止法違反行為を放置していた場合には、法人の代表者に対しても500万円以下の罰金が科されます。不当な取引制限の中に含まれる入札談合を行った場合には、刑法の談合罪も成立します。談合罪に該当する行為を行った者に対しては、３年以下の懲役または250万円以下の罰金が科せられます。

この他にも、公正取引委員会に虚偽の報告をしたり、排除措置命令に反した行為を行った者に対しても刑罰が科されます。

■ 刑事罰と課徴金との調整

二重処罰禁止
一つの犯罪に対しては複数の刑罰を科してはいけないという原則のこと。

刑事罰に加えて課徴金を課すことは、憲法が定める二重処罰禁止の原則に反するのではないかという問題があります。

独占禁止法には、事業者に対する制裁として刑事罰（罰金刑）に関する規定と課徴金に関する規定の2種類があります。そのため、刑罰として罰金刑を科すのとは別に課徴金の支払いを命じることは、独占禁止法に違反した事業者を2回処罰するのと同じことであり、憲法が定める二重処罰禁止規定に反するのではないかと指摘されることがあります。この点については、課徴金制度は事業者が得た不当な利得を奪う制度であり、制裁として科す刑事罰とは趣旨や目的が異なるので、課徴金の納付と罰金刑を科すことを同時に命じたとしても二重処罰禁止の原則には反しないとされています。

ただし、このような二重処罰の問題があることに配慮して、課徴金と罰金の両方が科される場合には、課徴金は減額されます。具体的には、罰金額の2分の1の額が課徴金から控除されます。

■ 民事上の差止や損害賠償請求など

事業者が独占禁止法に違反する行為を行ったことで他の事業者が損害を被った場合には、損害を被った事業者は独占禁止法違反を行った事業者に対して損害賠償請求が可能です。たとえば、大企業であるA社が、市場で強い地位にあることを利用してB社に対して不当に金銭などの利益の供与を要求していた場合には、A社の行為は優越的地位の濫用に該当します。このとき、B社は、A社の不当な要求により支払った金額について、独占禁止法を根拠にしてA社に対して損害賠償請求が可能です。

独占禁止法に違反した行為に対しては刑事罰が科されますし、

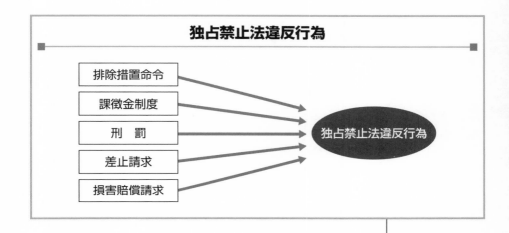

独占禁止法違反行為

排除措置命令
課徴金制度
刑　罰
差止請求
損害賠償請求

独占禁止法違反行為

課徴金も課されます。しかし、刑事罰や課徴金の制度を用いたとしても、独占禁止法違反行為によって損害を受けた者の損害が回復するわけではありません。独占禁止法によって損害を受けた者は、自らの手で独占禁止法に反する行為を行った者に対して損害賠償請求をする必要があります。

　独占禁止法の規定を用いて損害賠償請求がなされた場合には、独占禁止法違反となる行為を行った者は、自らに故意や過失がなくても、損害を受けた者に対して損害賠償責任を負います。

　ただし、公正取引委員会による排除措置命令が確定した後でなければ、独占禁止法の規定に基づく損害賠償請求はできません。また、排除措置命令が出されてから3年が経過した場合も、独占禁止法の規定に基づく損害賠償請求はできません。

　不公正な取引方法にあたる行為をすることで、自らの利益を侵害され、または侵害されるおそれがある者は、これにより著しい損害を生じ、または生ずるおそれがある場合、その行為の停止または予防を求める差止請求が可能です。たとえば、前述の例でAが不当に金銭を要求しているため（不公正な取引方法の優越的地位の濫用にあたります）、Bが著しい損害を被るおそれがある場合、BはAに対して金銭要求の停止を請求できます。

損害賠償請求がなされた場合

独占禁止法違反となることの認識がなかったとしても、独占禁止法違反となる行為を行った者は、被害者に対して損害賠償責任を負うことになる。

不公正な取引方法にあたる行為

事業者団体が事業者に不公正な取引方法にあたる行為をさせるようにすることを含む。

不服を申し立てる手続き

・・

裁判所に取消訴訟を提起して不服を申し立てる

■ 審判請求の廃止と取消訴訟の提起

　排除措置命令や課徴金納付命令は、公正取引委員会による慎重な審理の結果として行われます。しかし、そのすべてが正しいわけではなく、本来は命令をすべきケースではないのに、事実認定を誤って命令を行ってしまうこともあります。そのような場合に備えて、独占禁止法などの法律で、命令を受けた者が、その命令を取り消してもらうために不服を申し立てる手続きが整備されています。

　以前は、不服申立ての手続きが「公正取引委員会→東京高等裁判所→最高裁判所」という順番でした。しかし、排除措置命令や課徴金納付命令をした公正取引委員会が自ら不服申立ての手続きを担当するという点について、公正な判断への不信感が払拭できないとの指摘がなされていました。

　そこで、平成25年の独占禁止法改正で、平成27年4月1日以降に事前通知がなされた事件より、公正取引委員会の審判請求が廃止されました。この結果、排除措置命令や課徴金納付命令に不服がある者は、東京地方裁判所に命令の取消しを求める訴訟（取消訴訟）を提起することになりました。その後の手続きは、東京地方裁判所の判決に不服があれば東京高等裁判所に控訴し、東京高等裁判所の判決に不服があれば最高裁判所に上告する、という流れです（次ページ図参照）。

■ 取消訴訟の出訴期間などについて

　排除措置命令や課徴金納付命令に不服がある者は、これらの

かつての不服申立ての手続き

不服がある者は、まず公正取引委員会に審判請求を行い、公正取引委員会が審判請求を認めなかった（棄却審決をした）場合に、東京高等裁判所に公正取引委員会を被告として審決の取消しを求める訴訟（審決取消訴訟）を提起して、東京高等裁判所の判決に不服があれば最高裁判所に上告する、という流れになっていた。

事前通知

排除措置命令や課徴金納付命令の前に行われる通知。

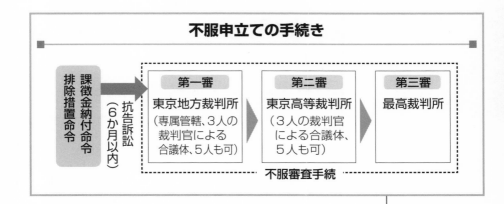

不服申立ての手続き

排除措置命令 課徴金納付命令	抗告訴訟 (6か月以内)	第一審 **東京地方裁判所** (専属管轄、3人の 裁判官による 合議体、5人も可)	第二審 **東京高等裁判所** (3人の裁判官 による合議体、 5人も可)	第三審 **最高裁判所**

不服審査手続

命令があったことを知った日から6か月以内に（または命令があった日から1年以内に）、公正取引委員会を被告として、東京地方裁判所に対し、命令の取消しを求める訴訟を提起することができます。ここで提起される訴訟は、行政事件訴訟法という法律が定める抗告訴訟と位置付けられています。

前述の訴訟は裁判官に高い専門性が要求されるため、専属管轄を採用しており「東京地方裁判所」のみに提起することができます。さらに、東京地方裁判所の判決に不服がある場合に控訴する裁判所も「東京高等裁判所」と決まっています。そして、東京高等裁判所の判決に不服がある場合に上告する裁判所は、わが国の終審裁判所（最終的な判断をする裁判所）として位置付けられている「最高裁判所」のみです。つまり、すべて東京都内の裁判所で審理されます。

なお、以前は「審決取消訴訟で裁判所は独自の立場で新たな事実を認定するのではなく、公正取引委員会の審判で提出された証拠から審判での事実を認定することが合理的かどうかのみを審査する」という実質的証拠法則が採用されていました。しかし、平成25年改正で審判手続きが廃止されたことに伴い、実質的証拠法則も廃止されました。そこで、訴訟において、裁判所は独自の立場で新たな事実を認定することになります。

課徴金制度の運用

■ 不公正な取引方法と課徴金制度

　不公正な取引方法のうち、①共同の取引拒絶、②差別対価、③不当廉売、④再販売価格の拘束、⑤優越的地位の濫用の５つが課徴金制度の適用対象です。このうち優越的地位の濫用については、濫用行為が継続して行われている場合に課徴金の対象となります。また、共同の取引拒絶、差別対価、不当廉売、再販売価格の拘束については、独占禁止法違反となる行為を繰り返した場合に、課徴金の対象となります。

■ 運用について

　公正取引委員会は、不当な取引制限や支配型私的独占を行った事業者に対しては、原則として独占禁止法違反となる行為を行っていた期間の商品等の売上額（密接関連業務の対価の額を加えたもの）に10％の算定率を掛け、談合金等の財産上の利益を加算した金額を課徴金として納付するよう命じます。また、排除型私的独占を行った事業者に対しては、原則として独占禁止法違反となる行為を行っていた期間の商品等の売上額の６％を課徴金として納付するよう命じます。

　さらに、不公正な取引方法のうち、共同の取引拒絶、差別対価、不当廉売、再販売価格の拘束に該当する行為を行っていた事業者に対しては、原則として独占禁止法違反となる行為を行っていた期間の商品等の売上額の３％を、優越的地位の濫用を行っていた事業者に対しては、違反行為期間内の濫用行為を受けた事業者との取引額（売上額や購入額）の１％を、それぞ

課徴金制度

独占禁止法違反となる行為によって事業者が得た利益を国が奪う制度。独占禁止法違反となる行為をした事業者すべてに課徴金が課せられるわけではなく、不当な取引制限、私的独占、一部の不公正な取引方法に該当する行為をした事業者に対してのみ課徴金を課すことができる。

不当な取引制限の場合

違反事業者及びそのグループ会社がすべて中小企業の場合は、算定率は４％に軽減される。

売上額に対して掛けられる課徴金の算定率

かつては、製造業等か、小売業か、卸売業かによって異なっていたが、令和元年改正により業種別算定率は廃止された。

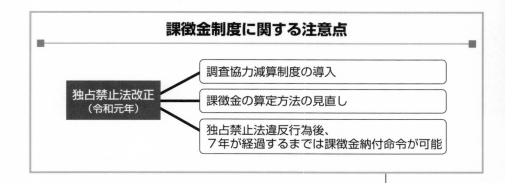

課徴金制度に関する注意点

独占禁止法改正
（令和元年）

- 調査協力減算制度の導入
- 課徴金の算定方法の見直し
- 独占禁止法違反行為後、7年が経過するまでは課徴金納付命令が可能

れ課徴金として納付を命じます。

　令和元年改正により、独占禁止法違反を行っていた期間については、始期は調査開始日から最長10年前まで遡って計算できるようになりました。事業者が課徴金の計算の基礎となるべき事実の報告等を行わないために売上額が不明な期間については、売上額が判明している期間の平均額から推計できるようになりました。課徴金は、独占禁止法違反となる行為が行われていた期間に応じて課されますので、独占禁止法違反となる行為がいつの時点から行われていたかを認定することが重要だといえます。独占禁止法違反となる行為が始まる時点は、事業者が具体的に独占禁止法違反となる行為を行った時点になります。

　たとえば、価格カルテルの合意に基づいて商品の価格を上げたり、入札談合における最初の受注日が、独占禁止法違反となる行為が始まった時点になります。逆に、独占禁止法違反となる行為が終了する時点とは、その行為が客観的に消滅したとされる時点になります。

　また、価格カルテルや入札談合の合意が破棄された日が、独占禁止法違反行為が終了した時点になります。公正取引委員会による調査が開始されることで、事業者が独占禁止法違反となる行為を中止し、その時点が独占禁止法違反行為の終了時点とされるケースもあります。

課徴金の額が100万円未満となる場合

課徴金納付命令は出されない。

課徴金減免制度

公正取引委員会の調査に協力するとインセンティブを
高めるしくみが導入されている

■ 課徴金減免制度とは

　課徴金減免制度とは、独占禁止法違反となる不当な取引制限
やこれを内容とする国際的協定を公正取引委員会に進んで報告
した事業者に対して、課徴金の額を免除・減額する制度です。

　たとえば、カルテルが行われている場合、カルテルを行って
いる事業者はその事実を隠そうとするため、外部からカルテル
を発見することは困難です。カルテルの摘発のためには、カル
テルに参加している事業者が自らカルテルを申告するような制
度を作ることが必要でした。そこで、独占禁止法で課徴金減免
制度が導入されました。自らカルテルなどの違反事実を公正取
引委員会に報告すれば課徴金が免除・減額されるので、事業者
は進んで違反事実を公正取引委員会に報告するようになり、そ
の結果、独占禁止法違反の摘発が容易になります。令和元年改
正では、これまで以上に公正取引委員会の調査に協力するとイ
ンセンティブを高めるしくみが導入されました。

　公正取引委員会の調査開始日前に事業者が公正取引委員会に
報告した場合には、最初に報告した事業者の課徴金は全額が免
除されます。2番目以降に報告をした事業者については、2番
目は20％、3〜5番目は10％、6番目以下は申請者数の上限な
く5％の申請順位に応じた減免率があり、さらに協力具合に応
じて最大40％の減算率があります。調査開始後に報告した事業
者については、最大3社まで10％、それ以降は5％の申請順位
に応じた減免率があり、さらに協力具合に応じて最大20％の減
算率があります。

課徴金制度の運用

公正取引委員会	売上の10%の額を課徴金として支払いを命じる	→	カルテルを行った企業
公正取引委員会	売上の3%の額を課徴金として支払いを命じる	→	不公正な取引方法（優越的地位の濫用以外）を行った企業
公正取引委員会	優越的地位の濫用を受けた企業との間の取引額の1%を課徴金として支払いを命じる	→	優越的地位の濫用を行った企業

申請順位と減免率

調査開始	申請順位	申請順位に応じた減免率	協力度合いに応じた減算率
前	1位	全額免除	
前	2位	20%	＋最大40%
前	3～5位	10%	＋最大40%
前	6位以下	5%	＋最大40%
後	最大3社 (注)	10%	＋最大20%
後	上記以下	5%	＋最大20%

(注) 公正取引委員会の調査開始日以後に課徴金減免申請を行った者のうち、減免率10%が適用されるのは、調査開始日前の減免申請者の数と合わせて5社以内である場合に限る。

　この他にも、事業者の課徴金が減額されるためには、原則として、公正取引委員会の調査開始日以後にカルテルを行っていないこと、他の事業者に対してカルテルを強要したり、カルテルからの離脱を妨害していないこと、報告した資料に虚偽がないこと、報告や資料の提出を拒否していないことが必要です。

独占禁止法に違反しないための注意点

事前に公正取引委員会に確認する

■ どんな場合に発覚するのか

　独占禁止法違反となる行為が発覚するパターンにはいくつかの種類がありますが、通常は、公正取引委員会の調査によって発覚します。当然のことですが、公正取引委員会は独占禁止法違反となる事業者を発見する活動をしていますので、公正取引委員会の調査により独占禁止法違反の事実が発覚するケースが多くなるといえます。

　また、一般人が、公正取引委員会に独占禁止法違反行為を報告した場合にも発覚します。独占禁止法45条では、独占禁止法に違反する事実があると考えた者は、公正取引委員会にその事実を報告し、適当な措置をとるべきことを求めることができると規定されています。もし、一般人から独占禁止法違反の報告を受けた場合には、公正取引委員会は事件についての調査を行う必要があります。

■ 日頃から何が違法なのかについての認識をもっておく

　独占禁止法違反となる行為を行わないためには、どのような行為が独占禁止法違反となるかについて知っておく必要があります。しかし、どのような行為が独占禁止法違反となるかについては、わかりにくい部分が多く、独占禁止法違反に該当する行為を行っている者自身に、違反の認識がないケースがあります。たとえば、自社と競合関係にある企業と情報交換を行う行為は、不当な取引制限に該当する可能性がある行為です。しかし、実際には、不用意に自社と競合関係にある企業との情報交

違反しないための対策

日頃からの意識を高める	➡	違反の疑いがあれば弁護士などの専門家に相談する
公正取引委員会への事前相談の活用	➡	相談者名・相談内容は公表されるが、30日以内に違反の有無についての回答が得られる

換を行っている企業が多いといえます。独占禁止法違反となる行為を行わないために、少しでも独占禁止法違反となる疑いがある行為については、弁護士などの専門家に相談しておくことが必要といえます。

また、万が一独占禁止法違反となる行為を行ってしまった場合には、適切な事後処理が必要です。まずは社内で事情聴取を行い、正確な事実関係を把握し、弁護士などの専門家に相談します。その結果、独占禁止法に違反することが確実であることが判明した場合には、独占禁止法違反の事実を公正取引委員会に報告します。課徴金減免制度の対象となる可能性があるので、公正取引委員会への報告は迅速に行うことが必要です。

課徴金減免制度
122ページ参照。

■ 事前相談制度もある

独占禁止法に違反するのかどうかについて、公正取引委員会に事前に相談することもできます。

この事前相談制度を利用するためには、事業者がこれから行おうとしている行為を具体的に示すことが必要です。また、事前相談を行った者の名称と相談内容が公表されることに同意しなければなりません。公正取引委員会は、事業者から必要な資料をすべて受け取ってから30日以内に回答を行います。

なお、公正取引委員会は、この事前相談手続ではない、一般的な相談についても受け付けています。

公正取引委員会

∙∙

独禁法を運用する行政機関である

■ 独立して職権の行使ができる機関

　公正取引委員会は、独占禁止法を運用する機関です。公正取引委員会は、他の行政機関から指揮監督を受けることなく独立して職務を遂行します。

　なぜ公正取引委員会が他の行政機関から独立して職務を遂行することが許されているのかというと、公正取引委員会は独占禁止法違反となる行為を行った者に対して排除措置命令や課徴金納付命令を行うという役割を負っているからです。独占禁止法違反となる行為を行った者に対するこれらの命令は、裁判所に似た役割を持っているといえます。法律に違反した者を裁くような機関は、他の行政機関等から不当な圧力を受けないように独立している必要があります。

　そのため、公正取引委員会は、他の行政機関から独立して職務を遂行することが認められています。

■ どんなことをしているのか

　公正取引委員会は、独占禁止法では定めきれない細かい部分についての規則を作成しています。たとえば、独占禁止法2条9項6号では、どのような行為が不公正な取引方法に該当するかを公正取引委員会が指定することが定められています。そして、独占禁止法2条9項6号に基づき、公正取引委員会は不公正な取引方法についての指定を行っています。

　公正取引委員会は、排除措置命令や課徴金納付命令を出すために、事実関係を調査する権限を有しています。さらに、この

**独占禁止法2条
9項6号**

六　前各号に掲げるもののほか、次のいずれかに該当する行為であつて、公正な競争を阻害するおそれがあるもののうち、公正取引委員会が指定するもの

イ　不当に他の事業者を差別的に取り扱うこと。

ロ　不当な対価をもつて取引すること。

ハ　不当に競争者の顧客を自己と取引するように誘引し、又は強制すること。

ニ　相手方の事業活動を不当に拘束する条件をもつて取引すること。

ホ　自己の取引上の地位を不当に利用して相手方と取引すること。

ヘ　自己又は自己が株主若しくは役員である会社と国内において競争関係にある他の事業者とその取引の相手方との取引を不当に妨害し、又は当該事業者が会社である場合において、その会社の株主若しくは役員をその会社の不利益となる行為をするように、不当に誘引し、唆し、若しくは強制すること。

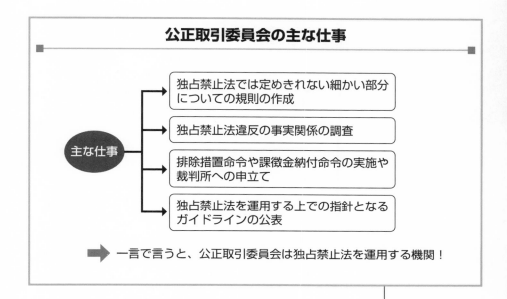

公正取引委員会の主な仕事

主な仕事

- 独占禁止法では定めきれない細かい部分についての規則の作成
- 独占禁止法違反の事実関係の調査
- 排除措置命令や課徴金納付命令の実施や裁判所への申立て
- 独占禁止法を運用する上での指針となるガイドラインの公表

➡ 一言で言うと、公正取引委員会は独占禁止法を運用する機関！

権限に加えて、刑事事件につながる独占禁止法違反となる行為を調査する犯則調査の権限も与えられています。

公正取引委員会は、調査した事実関係に基づき、排除措置命令や課徴金納付命令を出すことができます。また、緊急の必要がある場合には、独占禁止法違反となる行為を止めることを命令するよう、裁判所に対して申し立てることもできます。

なお、以前は排除措置命令や課徴金納付命令に不服がある者は、いきなり訴訟を提起することができず、まず公正取引委員会に審判を申し立てることになっていました。しかし、平成25年の独占禁止法改正で審判制度が廃止され、排除措置命令や課徴金納付命令に不服がある者は、東京地方裁判所に当該命令の取消訴訟を提起することになりました。

この他には、独占禁止法を運用する上での指針となるガイドラインを公表しています。また、個別の事業者の行為が独占禁止法に抵触するかどうかについての相談を行う事前相談制度を設けています。

独占禁止法の関連法と外国の法制度

下請いじめや消費者を誤認させる表示が禁止されている

■ 独占禁止法の関連法としてどんな法律があるのか

独占禁止法に関連する法律として下請法と景表法について知っておきましょう。下請法とは、元請の事業者が下請の事業者に無理な要求をすることを禁止する法律です。景表法とは、消費者が商品の性質等について誤解する方法で商品の表示をすることを禁止する法律です。

■ 独占禁止法に相当する法律は世界中にある

日本の独占禁止法に相当する法律は、世界中の多くの国で制定されています。たとえばアメリカでは、シャーマン法、クレイトン法、連邦取引委員会法という3つの法律が、日本の独占禁止法に相当する法律になります。この3つの法律を合わせて反トラスト法といい、世界で最も古い独占禁止法と言われています。日本の独占禁止法は反トラスト法を参考にして制定されています。また、EUでは、日本の独占禁止法に相当する法律として、EU競争法が制定されています。EU競争法の特徴は制裁金の大きさにあります。

各国の独占禁止法は、外国で行われた独占禁止法違反行為に対しても適用されるような運用がなされています。

通常、ある国で制定された法律は、その国の中での行為に対してのみ適用されます。しかし、独占禁止法違反となる行為は国を超えて行われます。たとえば、日本の企業同士が日本国内で「アメリカでの商品価格は○○円にしよう」と話し合いをすれば、アメリカの市場に影響を与えます。しかし、日本で行わ

**EU競争法の
制裁金の大きさ**
制裁金は最大で事業者の全世界での売上げの10％にあたる金額となる。

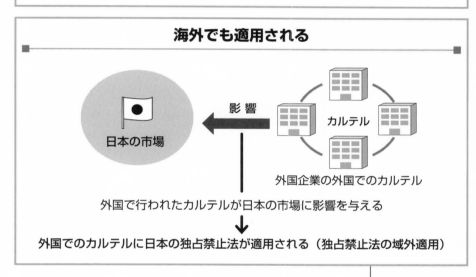

独占禁止法と下請法・景表法との関係

独占禁止法の規制する行為

優越的地位の濫用

下請法で補完
元請業者から下請業者に対する
不当な要求を防ぐ

不当な顧客誘引

景品表示法で補完
事業者が消費者をだます手法で自社
商品の広告を行うのを阻止する

海外でも適用される

日本の市場

影 響

カルテル

外国企業の外国でのカルテル

外国で行われたカルテルが日本の市場に影響を与える

外国でのカルテルに日本の独占禁止法が適用される（独占禁止法の域外適用）

れた行為であるからといってアメリカの法律が適用できないの
は不都合だといえます。

　また、カルテルなどは国を超えて行われるケースがあります。
日本の企業とヨーロッパの企業が価格カルテルを行った場合に、
一方の国の独占禁止法だけではなく、両方の国の独占禁止法を
適用すべきだといえます。そのため、独占禁止法に関しては、
外国で行われた行為に対しても適用されるような運用（域外適
用）がなされています。

Column

課徴金の減免における申請の順位

　課徴金の減免においては、事業者間での申請の順位が重要になります。この順位は、公正取引委員会のメールアドレスgenmen-2020@jftc.go.jpに、必要事項を記載した第一報が受信された順番によって決まります。事業者側のメールシステム等によっては、公正取引委員会にメールが到達するまでに時間を要したり届かなかったりする場合や、メールにウイルスが含まれていて公正取引委員会が受信できない場合もあることから、公正取引委員会では電子メールを送信した際には、課徴金減免管理官に対して受信の有無を電話で問い合わせることを勧めています。

　事業者は、調査開始日前の時点での申請の第一報は、事業者名、カルテルの概要、カルテルの開始時期などの必要事項を、所定の書式に記載した報告書を送信します。書式は公正取引委員会ホームページからダウンロード可能です。その後、申請者は公正取引委員会から順位の通知を受け、提出期限までにカルテルについての詳細な報告書と資料を提出します。

　調査開始日以後に申請する場合には、詳細な報告書とカルテルについての資料を提出する必要があります。申請の順位についても、公正取引委員会のメールの受信の先後で決まります。

　提出した資料が虚偽であった場合や、追加提出を求められた資料を提出しなかった場合などには、減免を受けられなくなります。

　なお、法運用の透明性などの観点から、平成28年6月1日以後に課徴金減免の申請を行った事業者については、課徴金減免制度が適用された事実が一律に公表されることになっています。

PART 6

景品表示法のしくみ

景品表示法の全体像

消費者のために過大景品と不当表示を規制する

なぜ景表法が
できたのか

景表法ができる前の規制は、特定の業界における不当な景品類の提供によってもたらされる弊害が著しいとして、主に商品の購入を条件に景品類を提供する行為を規制するものだった。過大な景品類の提供は、独占禁止法の「不公正な取引方法」の一類型である不当誘引行為として規制されていた。こうした過大な景品類の提供と不当な表示によって消費者を購買行動に誘う行為は、独占禁止法による規制では不十分だという声が各界から一挙に大きくなり、1962年に景表法が誕生した。

にせ牛缶事件

高度経済成長時代に入り、広告活動が急拡大していた1960年に、景品表示法の制定のきっかけともなる当時一大センセーションを巻き起こした虚偽表示事件が起きた。牛の絵が描かれた缶詰に、牛の肉ではなく馬や鯨の肉（当時は、牛肉より低級とみなされ安価であった）が使われていたもので、当時の国民に大きなショックを与えた。

■ なぜ制定されたのか

　景品表示法（景表法）は、販売促進のための景品類の行き過ぎと、消費者に誤認される不当表示を規制するために、1962年に制定された法律です。

　その後も、複数の事業者が食品表示等に関する大規模な偽装を行うなどの事例が相次いだこともあり、景品表示法は、特に行政の監視指導体制の強化や、不当な表示等を防止するために事業者が取り組むべき表示管理体制の徹底をめざして、法改正を通じて見直しが随時行われています。

■ どんな行為を規制しているのか

　景品表示法は、その目的を、「取引に関連する不当な景品類及び表示による顧客の誘引を防止」するため、「一般消費者による自主的かつ合理的な選択を阻害するおそれのある行為の制限および禁止」をすることにより、「一般消費者の利益を保護すること」としています。

　つまり、一般消費者の自主的・合理的な商品・サービスの選択を邪魔するような「過大な景品類の提供」と「不当な表示」を行う企業活動を制限・禁止するものです。後述しますが、「過大な景品類の提供」については、必要があれば、景品類の価額の最高額・総額、種類・提供の方法など景品類の提供に関する事項を制限し、または景品類の提供を禁止することができる、としています。一方、「不当な表示」については、商品・サービスの品質などの内容について、一般消費者に対し、実際

景品表示法のイメージ

独占禁止法

過大な景品類の提供と
不当表示についての規制

独占禁止法の規制だけでは不十分

↓

景品表示法で補完

↓

「過大な景品類の提供」と「不当な表示」を制限・
禁止して消費者の利益を守るのが景品表示法！

のものよりも著しく優良であると表示すること、または事実に
反して競争事業者のものよりも著しく優良であると表示するこ
とを「優良誤認表示」として禁止しています。また、価格など
の取引条件に関して、実際のものよりも著しく有利であると一
般消費者に誤認される表示、または競争事業者のものよりも著
しく有利であると一般消費者に誤認される表示については「有
利誤認表示」として禁止しています。

■ 運用状況はどうなっているのか

　景表法の目的は、一般消費者の利益を保護することにありま
す。そのため、以前は景品表示法の管轄が公正取引委員会でし
たが、消費者の視点から政策全般を監視する「消費者庁」が平
成21年９月に発足したことに伴い、消費者庁（表示対策課）に
景品表示法の管轄が移されました。また、県域レベルの事案に
対応するような場合には、各都道府県が窓口となる場合もあり
ます。消費者庁は、景品表示法違反の疑いのある事件について、
調査を行い、違反する事実があれば、「措置命令」を行ってい
ます。措置命令は、過大な景品類の提供や不当表示を行った事
業者に対して、その行為を差し止めるなど必要な措置を命ずる
ことができるというもので、消費者庁のホームページなどで事
業者の名前、違反の内容などが公表されることになります。

景品類

物品・金銭の提供は「取引に付随」すれば景品類となる

■ 景品類とは

商品についてくる「おまけ」について過大な宣伝・広告がなされると、消費者が惑わされて購入してしまい、後でトラブルが生じることがあります。そのため、景品類の提供については、景品表示法で規制が行われています。

一般的に景品類とは、粗品・おまけ・賞品などをいうと考えられています。景品表示法では、景品類を「顧客を誘引するための手段として、その方法が直接的であるか間接的であるかを問わず、くじの方法によるかどうかを問わず、事業者が自己の供給する商品または役務の取引（不動産に関する取引を含む）に付随して相手方に提供する物品、金銭その他の経済上の利益であって、内閣総理大臣が指定するもの」としています。

■ 定義告示運用基準について

「景品類等の指定の告示の運用基準について」（以下「定義告示運用基準」といいます）によれば、景品類の提供に該当するための要件として、①「顧客を誘引するための手段として」、②「事業者」、③「自己の供給する商品または役務（サービス）の取引」、④「取引に付随して」、⑤「物品、金銭その他の経済上の利益」、の5つの項目を挙げています。以下、見ていきましょう。

① 「顧客を誘引するための手段として」

物品などの提供が「顧客を誘引するための手段として」使われたかどうかに関しては、提供した側の主観的な意図や企画の名目がどうであるかは問題にならず、客観的に判断されるとし

景品類の提供の要件（定義告示運用基準）

① 顧客を誘引する ための手段として	企業側の意図ではなく、客観的に判断する
② 事業者	経済活動を行っている者すべてが含まれる
③ 自己の供給する 商品または役務 （サービス）の取引	需要者に届くまでの全流通段階における取引の すべてが含まれる。賃貸、交換、融資などの 供給取引も含まれる
④ 取引に付随して	取引に付随して行われる景品類の提供のみが 規制の対象となる
⑤ 物品、金銭その他 の経済上の利益	商品・サービスなど経済的な対価を支払って 手にいれるものすべてのもの

ています。なお、「顧客を誘引する」とは、新規の顧客の誘引にとどまらず、既存の取引の継続・取引拡大を誘引することも含まれています。

② 「事業者」

事業者には、営利企業だけではなく、営利を目的としない協同組合・共済組合であっても、商品または役務を供給する事業については、事業者にあたるとされています。また、公的機関でも私的な経済活動に類似する事業を行う場合や、学校法人・宗教法人でも収益事業を行う場合には、それらの事業については、事業者にあたることになります。

③ 「自己の供給する商品または役務（サービス）の取引」

事業者が製造・販売する商品が最終需要者に届くまでの全流通段階における取引のすべてが含まれるとしています。ですから、ある商品を消費者に販売する小売業者の取引も、その商品を小売業者に販売するメーカーの取引も該当することになります。また、賃貸、交換、融資などの供給取引も含まれます。こ

れに対し、古書店が古本を買い取る場合のように、自己（事業者）が商品・サービスを一方的に受ける側に立つものは含まれません。

④　「取引に付随して」

　景表法においては、景品類の提供が、「取引に付随して」行われる場合のみが規制の対象になるとしています。

「取引に付随して」提供することになるとしている理由

景表法では、顧客誘引という観点から、提供される経済上の利益と「取引」との間に客観的な関連性があるのであれば、「取引に付随して」提供する景品類にあたるとしているからである。

　「取引に付随して」は景品類にあたるかあたらないかを判断するための重要な要件です。まず、購入することを条件として、景品類を提供する場合は、文字通り「取引に付随」する提供になります。これに加えて、事業者が、買ってくれるのか買ってくれないのかが前もってはわからない、自己の店への入店者に提供する場合であっても、「取引に付随して」提供することになるとしています。

　定義告示運用基準では、「取引に付随」する提供にあたる場合について以下のように示しています。

・取引を条件として他の経済上の利益を提供する場合
・取引を条件としない場合でも、取引の相手を主な対象として、経済上の利益の提供が行われるとき
・取引の勧誘に際し、相手に金品・招待券などを供与する場合
・懸賞により提供する場合や相手に景品類の提供だと認識される仕方で提供する場合

　逆に、「取引に付随」する提供にあたらないのは、次の４つの場合です。

・取引の本来の内容となる経済上の利益の提供
・ある取引で２つ以上の商品・サービスを組み合わせて販売していることが明らかな場合（いわゆるセット販売）
・オープン懸賞での応募者の中に、偶然その事業者の商品・サービスの購入者が含まれていたときのその応募者への景品の提供
・商品・サービスの購入者を紹介してくれた人への謝礼（紹介

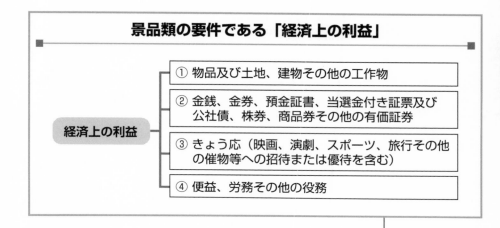

景品類の要件である「経済上の利益」

経済上の利益
- ① 物品及び土地、建物その他の工作物
- ② 金銭、金券、預金証書、当選金付き証票及び公社債、株券、商品券その他の有価証券
- ③ きょう応（映画、演劇、スポーツ、旅行その他の催物等への招待または優待を含む）
- ④ 便益、労務その他の役務

者を商品・サービスの購入者に限定する場合は除く）

⑤ 「物品、金銭その他の経済上の利益」

「経済上の利益」とは、通常、経済的な対価を支払って手に入れることができるすべてのものをいいます。商品・サービスを通常の価格より安く購入できることもこれにあたります。提供を受ける側から判断されるものですから、事業者が特に出費を必要としないで提供できる物などでも「経済上の利益」に含まれることになります。ただし、自社の商品・サービスのモニターへの報酬など、仕事の報酬などと認められる場合には該当しません。

景品類にあたるとされた場合であっても、「正常な商習慣に照らして」以下のものに該当する場合は、景品類等の指定の告示によって除外されています。

・値引きと認められる経済上の利益（ただし、①懸賞により金銭を提供する場合、②提供する金銭の使途を制限する場合、③同一の企画で金銭の提供と景品類の提供を行う場合は、「値引き」とはならず「景品類」にあたることになります）
・アフターサービスと認められる経済上の利益
・商品等に付属すると認められる経済上の利益

景品規制

懸賞によって提供できる景品類以外に、懸賞によらない景品類の提供も景表法で規制されている

■ 規制内容にはどんなものがあるのか

景表法における景品規制は、まず、すべての業種に対して適用される、①懸賞制限、②総付景品制限、という2つの種類が規定されています。さらに、特定の業種に対しては、個別の告示によって景品規制が規定されています。

■ 懸賞制限について

景表法では、懸賞によって提供できる景品類の最高額と総額を制限しています。

① 懸賞の定義

「懸賞」とは、くじなど偶然性を利用して、または特定の行為の優劣・正誤によって、景品類の提供の相手もしくは提供する景品類の額を定めることです。抽選券やジャンケン、パズル・クイズの正誤、作品などのコンテストの結果の優劣などによって景品類の提供を定める場合が該当します。

② 景品類の価額制限

「一般懸賞」（俗に「クローズド懸賞」ともいいます）の場合、懸賞によって提供できる景品類の価額の最高額は、10万円を限度として、「取引価額」の20倍の金額を超えてはならないとされています。たとえば、取引価額が800円の場合は、16000円までの景品がつけられます。これに対し、商店街や業界などが共同で行う「共同懸賞」の場合は、「取引価額」にかかわらず、最高額は30万円を限度としています。さらに、懸賞類の総額に関する規制もあり、一般懸賞の場合は「懸賞にかかる売上げ予定

景品規制

全業種

| 新聞業 | 不動産業 |
| 雑誌業 | 医療関係 |

← ■懸賞制限
（懸賞により提供できる景品類の
最高額と総額を制限）

■総付景品制限
（懸賞によらない景品類の提供に
ついて景品類の最高額を規制）

これらの特定業種には別途
それぞれに適用される規制がある
（特定業種における景品制限）

一般懸賞における景品類の限度額

| 懸賞による取引価額 | 景品類限度額 | |
	最高額	総　　額
5,000円未満	取引価額の20倍	懸賞に係る売上予定総額の2%
5,000円以上	10万円	

共同懸賞における景品類の限度額

| 景品類限度額 | |
最高額	総　　額
取引価額にかかわらず30万円	懸賞に係る売上予定総額の3%

総額」の2％まで、共同懸賞の場合は3％までとされています。

また、「取引価額」とは次の通りです。

・購入者に対して、購入額に応じて景品類を提供する場合はそ
　の購入金額

・購入金額を問わない場合は、原則100円。ただし、最低価格が明らかに、100円を下回るとき、または100円を上回るときは、その価格

・購入を条件としない場合は、原則100円。ただし、最低価格が明らかに100円を上回るときは、その価格

■ 総付景品制限について

景表法によって、懸賞によらない景品類の提供についても、規制されています。

① 総付景品の定義

総付景品

俗に「ベタ付け景品」ともいう。

「総付景品」とは、懸賞の方法によらないで提供される景品類をいいます。次の場合が該当することになります。

・商品・サービスの購入者全員に提供する場合

・小売店が来店者全員に提供する場合

・申込みまたは入店の先着順に提供する場合

② 最高限度額

「取引価額」が1000円未満の場合は、景品類の最高額は、一律200円、1000円以上の場合は、取引価額の10分の2までです。

③ 適用除外

最高限度額の例

たとえば、5000円の商品の売買契約で、事業者が景品類として提供できる物品の最高額は「5000×0.2＝1,000円」となる。

次の場合で、正常な商習慣に照らして適当と認められるものは、総付景品の提供としての規制対象とはしないとされています。

・商品の販売・使用またはサービスの提供のために必要な物品

・見本などの宣伝用の物品

・自店および自他共通で使える割引券・金額証

・開店披露・創業記念で提供される物品

■ 特定業種における景品制限について

懸賞制限・総付景品制限は、すべての業種に適用されるものです。これに加えて、新聞業・雑誌業・不動産業・医療関係（医療用医薬品業・医療機器業・衛生検査所業）の４つの特定

総付景品の限度額

取引価額	景品類の最高額
1,000円未満	200円
1,000円以上	取引価額の10分の2

の業種については、別途、適用される制限が設けられています。

　これは、これら各業種の実情を考慮して、一般的な景品規制と異なる内容の業種別の景品規制が行われるべきだとして、景表法3条の規定に基づき、告示により指定されているものです。

　特に、不動産業においては、売買に付随して消費者に景品類を提供する場合、その価額が高額になることが予想されるため、特別な規定を設ける必要があるとされています。また、医療関係においては、医療機関が、メーカーなどから提供される景品類に左右されて医療機器・医薬品などを購入することによって、消費者（患者）に弊害がもたらされることのないように、特別な制限が設けられています。

■ オープン懸賞について

　オープン懸賞とは、事業者が、企業・商品の知名度・イメージを高めるために、新聞・雑誌・テレビ・ラジオやウェブサイトなどの広告で、商品（サービス）の購入を条件としないで、一般消費者に懸賞による金品の提供を申し出るものです。

　事業者が、顧客を誘引するために行うものですが、「取引に付随」するものではないことから、景表法における規制を受けることがありませんので、そこに目をつけて、一般的にオープン懸賞と言われています。なお、提供できる金品について具体的な上限額の定めはありません。

不当表示

優良誤認表示・有利誤認表示・その他の不当表示がある

■ 不当表示とは

　商品・サービスの品質や価格に関する情報は、消費者が商品・サービスを選ぶ際の重要な判断材料であり、消費者に正しく伝わる必要があります。

　商品（サービス）に関する情報は、パッケージ・パンフレット・チラシ・説明書などによる表示や新聞・雑誌・テレビ・ラジオ・インターネットなどで行われる広告によって、消費者にもたらされます。そして、そこに表示された、商品の品質・内容および価格・支払条件・数量などの取引条件から商品を選択します。

　しかし、ここで行われる「表示」が、実際の内容より著しく優れたものであると示されている場合や、事実と違って他社の商品より優れていると示されている場合、消費者は商品の適正な選択を妨げられるという不利益を被ることになります。

　景表法による不当表示の規制は、不当な顧客の誘引を防ぎ、消費者が適正に商品の選択ができるようにすることを目的としています。そのため、「不当表示」にあたるかどうかの判断は、当該表示が消費者にどのような印象・認識をもたらすかによることになります。

　通常、消費者は、何らかの表示がされていれば、実際の商品も表示の通りだと考えます。表示と実際のものが違う場合、消費者は、実際の商品が表示通りの商品であると誤認することになるでしょう。景表法に規定される不当表示とは、このように商品・サービスの内容や取引条件について、消費者に誤認を与

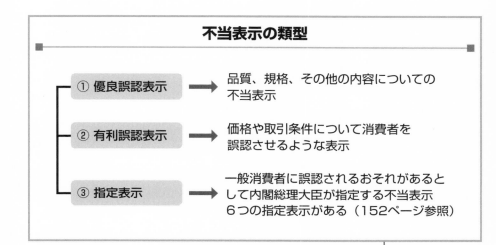

不当表示の類型

① 優良誤認表示 → 品質、規格、その他の内容についての不当表示

② 有利誤認表示 → 価格や取引条件について消費者を誤認させるような表示

③ 指定表示 → 一般消費者に誤認されるおそれがあるとして内閣総理大臣が指定する不当表示 6つの指定表示がある（152ページ参照）

える表示のことをいいます。

　景表法は、事業者が供給する商品・サービスについて、消費者に対して、不当に顧客を誘引し、消費者の自主的・合理的な選択を阻害するおそれがあると認められるこれらの表示（不当表示）を行うことを禁止しています。

■ どんなパターンがあるのか

　不当表示の規制は、次の3つに区分されます。これらを、不当に顧客を誘引し、一般消費者による自主的・合理的な選択を阻害するおそれがあると認められる不当表示として禁止しています。

① 優良誤認表示

　商品・サービスの品質、規格その他の内容についての不当表示

② 有利誤認表示

　商品・サービスの価格その他の取引条件についての不当表示

③ 指定表示

　商品・サービスの取引に関する事項について消費者に誤認されるおそれがあると認められる内閣総理大臣が指定する表示

内閣総理大臣からの委任に基づき、消費者庁長官は、事業者が景品表示法の規定に違反する不当な表示をした場合、当該事業者に対し、不当表示行為の差止め、当該行為の再発防止のために必要な事項またはこれらの実施に関する公示その他必要な事項を命じる措置命令を行うことになる。事業者が不当な表示をする行為をした場合、消費者庁長官は、一定の要件に該当する場合には、当該事業者に対し、課徴金の納付を命じる。

■ 要件について

優良誤認表示、有利誤認表示、指定表示（内閣総理大臣が指定する表示）の３つの不当表示規制に該当するために共通する要件は、次の通りです。

① 表示

景表法では、「表示」とは、「顧客を誘引するための手段として、事業者が自己の供給する商品または役務の内容または取引条件その他これらの取引に関する事項について行う広告その他の表示であって、内閣総理大臣が指定するもの」であると定めています（２条４項）。景品表示法上の「表示」として指定されているものは下記の５つです。

・商品、容器または包装による広告その他の表示およびこれらに添付した物による広告
・見本、チラシ、パンフレット、説明書面その他これらに類似する物による広告（口頭や電話を含む）
・ポスター、看板（プラカードおよび建物または電車、自動車等に記載されたものを含む）、ネオン・サイン、アドバルーン、その他これらに類似する物による広告および陳列物または実演による広告
・新聞紙、雑誌その他の出版物、放送（有線電気通信設備または拡声機による放送を含む）、映写、演劇または電光による広告
・情報処理の用に供する機器による広告その他の表示（インターネット、パソコン通信等によるものを含む）

② 顧客を誘引するための手段として行われるもの

事業者の主観的な意図や企画の名目がどうであるかは問題にならず、客観的に顧客取引のための手段になっているかどうかによって判断されます。また、新規の顧客の誘引にとどまらず、既存の顧客の継続・取引拡大を誘引することも含まれます。

不当表示規制の要件

表示

包装による広告、パンフレット、ポスター、
新聞紙・雑誌など、指定されているもの

顧客を誘引するための手段として

企業側の意図ではなく、客観的に判断する

事業者

経済活動を行っている者すべてが含まれる

自己の供給する商品・サービスに関する取引について行われる表示

対象は自社の供給する商品・サービスに限られ、
他社の商品・サービスの広告は含まれない

③ **事業者**

　営利企業だけではなく、経済活動を行っている者すべてが事業者に該当します。そこで、営利を目的としない協同組合・共済組合や、公的機関・学校法人・宗教法人などであっても、経済活動を行っている限りで事業者に該当します。

④ **自己の供給する商品または役務（サービス）の取引にかかる事項について行うこと**

　「自己の」供給する商品・サービスに限られます。そのため、新聞社・放送局や広告会社などが、他社であるメーカーなどの商品・サービスの広告を行う場合は、不当表示規制の対象外となります。

取引

取引には自己が製造しまたは販売する商品についての最終需要者に至るまでのすべての流通段階における取引が含まれる。販売の他、賃貸、交換等も含まれる。

優良誤認表示

商品等の品質、内容についての規制

■ 優良誤認表示について

**優良誤認表示に
あたるか否か**

商品の性質、一般消費者の知識水準、取引の実態、表示の方法、表示の対象となる内容などを基に、表示全体から判断される。

　景品表示法では、商品やサービスの品質、規格などの内容について、実際のものや事実に相違して競争事業者のものより著しく優良であると一般消費者に誤認される表示を優良誤認表示として禁止しています。

　この場合の「著しく」とは、誇張・誇大の程度が社会一般に許容されている程度を超えていることを指します。

　誇張・誇大が社会一般に許容される程度を超えるものであるか否かは、当該表示を誤認して顧客が誘引されるか否かで判断され、その誤認がなければ顧客が誘引されることが通常ないであろうと認められる程度に達する誇大表示であれば「著しく優良であると一般消費者に誤認される」表示にあたります。

　優良誤認表示は、ⓐ内容について、一般消費者に対し、実際のものよりも著しく優良であると示す表示、ⓑ事実に相違して、同種（類似）の商品・サービスを供給している競争事業者のものよりも著しく優良であると示す表示の2つに分類できます。

　具体的には、商品（サービス）の品質を、実際のものより優れていると広告する場合や、競争事業者が販売する商品よりも特別に優れているわけではないのにあたかも優れているかのように広告を行うと、優良誤認表示に該当することになります。

　消費者庁の資料によると優良誤認表示の具体的な例としては、以下のようなものがあります。

① 　内容について、一般消費者に対し、実際のものよりも著しく優良であると示す表示

優良誤認表示

> **1** 実際のものよりも著しく優良であると示すもの
> **2** 事実に相違して競争関係にある事業者に係るものよりも著しく優良であると示すもの

 であって

> 不当に顧客を誘引し、一般消費者による自主的かつ合理的な選択を阻害するおそれがあると認められる表示

（具体例）
・商品・サービスの品質を、実際よりも優れているかのように宣伝した
・競争業者が販売する商品・サービスよりも特に優れているわけではないのに、あたかも優れているかのように宣伝する行為

・国産の有名ブランド牛肉であるかのように表示して販売していたが、実はただの国産牛肉で、ブランド牛肉ではなかった。
・「入院１日目から入院給付金を支払う」と表示したが、入院後に診断が確定した場合には、その日からの給付金しか支払われないシステムになっていた。
・天然のダイヤモンドを使用したネックレスのように表示したが、実は使われているのはすべて人造ダイヤだった。
・「カシミヤ100％」と表示したセーターが、実はカシミヤ混用率が50％しかなかった。
② 事実に相違して、同種（類似）の商品・サービスを供給している競争事業者のものよりも著しく優良であると示す表示
・「この機能がついているのはこの携帯電話だけ」と表示していたが、実は他社の携帯電話にも同じ機能が搭載されていた。
・健康食品に「栄養成分が他社の２倍」と表示していたが、実は同じ量しか入っていなかった。

不実証広告規制

合理的な根拠を有しないまま表示をして販売をしては
いけない

■ 優良誤認表示に関する不実証広告規制とは

　不実証広告規制とは、消費者が適正に商品やサービスを選択できる環境を守るための規制です。景表法では、内閣総理大臣（内閣総理大臣から委任を受けた消費者庁長官）は、商品の内容（効果・効能など）について、優良誤認表示に該当するか否かを判断する必要がある場合には、期間を定めて、事業者に対して、表示の裏付けとなる合理的な根拠を示す資料の提出を求めることができます。提出期限は、原則として、資料提出を求める文書が送達された日から15日後（正当な事由があると認められる場合を除く）とされ、厳しいものとなっています。この期限内に事業者が求められた資料を提出できない場合には、当該表示は優良誤認表示とみなされます。

■「合理的な根拠」の判断基準

　合理的な根拠の判断基準としては、以下の要素が必要です。

① **提出資料が客観的に実証された内容のものであること**

　客観的に実証された内容のものとは、次のいずれかに該当するものをいいます。

ⓐ **試験・調査によって得られた結果**

　試験・調査は、関連する学術界または産業界で一般的に認められた方法または関連分野の専門家多数が認める方法により実施する必要があります。学術界または産業界で一般的に認められた方法または関連分野の専門家多数が認める方法が存在しない場合は、社会通念上及び経験則上妥当と認められる方法で実

「合理的な根拠」
について

一般消費者への情報提供や説明責任を果たすという観点から、事業者は、効果や性能の有効性を示す表示を行う場合には、その表示の裏付けとなる合理的な根拠を示す資料をあらかじめ有した上で表示を行うべきであり、そのような資料を有しないまま表示をして販売を行ってはならないとされている。

あらかじめ
「合理的な根拠」
が必要な理由

効果や性能の有効性を示す表示を行う場合、表示に沿った効果や性能がないかもしれないことによる不利益は、一般消費者ではなく、知識・判断力等において優る事業者が負担すべきと考えられるからである。

不実証広告規制の対象となる具体的な表示

1　ダイエット食品の痩身効果

食事制限をすることなく痩せられるかのように表示していた

2　生活空間におけるウィルス除去等の効果

商品を使用するだけで、商品に含まれる化学物質の効果により、身の回りの
ウィルスを除去するなど、周辺の空間を除菌等するかのように表示をしていた

3　施術による即効性かつ持続性のある小顔効果

施術を受けることで直ちに小顔になり、かつ、それが持続するかのように
表示をしていた

4　高血圧等の緩解または治癒の効果

機器を継続して使用することで頭痛等が緩解するだけでなく治癒するかの
ように、また、高血圧等の特定の疾病もしくは症状も緩解または治癒する
かのように表示をしていた

施する必要があります。上記の方法で実施されている限り、事
業者自身や当該事業者の関係機関が行った試験・調査であって
も、表示の裏付けとなる根拠として提出することが可能です。

　なお、消費者の体験談やモニターの意見等を根拠として提出
する場合には、統計的に客観性が十分に確保されている必要が
あります。

ⓑ　専門家、専門家団体若しくは専門機関の見解または学術文献

　見解・学術文献の基準とは、専門家等が客観的に評価した見
解または学術文献で、当該専門分野で一般的に認められている
ものが求められます。

② **表示された効果、性能と提出資料によって実証された内容**
　が適切に対応していること

　提出資料がそれ自体として客観的に実証された内容のもので
あることに加え、表示された効果、性能が提出資料によって実
証された内容と適切に対応していなければなりません。

有利誤認表示

価格などの取引条件についての規制

■ 有利誤認表示について

景品表示法は、商品やサービスの価格などの取引条件について、実際のものや事実に相違して競争事業者のものより著しく有利であると一般消費者に誤認される表示を有利誤認表示として禁止しています。また、景品表示法は、有利誤認表示のひとつとして不当な二重価格表示を禁止しています。

二重価格表示は、その内容が適正な場合には、一般消費者の適正な商品選択に資する面がありますが、比較対照価格の内容について適正な表示が行われていない場合には、有利誤認表示に該当するおそれがあります。

有利誤認表示は、次の2つに分類されます。

① 価格やその他の取引条件について、実際のものよりも著しく有利であると消費者に誤認される表示

・住宅ローンについて、「○月○日までに申し込めば優遇金利」と表示したが、実際には、優遇金利は借入れ時期によって適用が決まるものであった。

・みやげ物の菓子について、内容の保護としては許容される限度を超えて過大な包装を行っていた。

② 価格やその他の取引条件が、競争事業者のものよりも著しく有利であると消費者に誤認される表示

・他社の売価を調査せずに「地域最安値」と表示したが、実は近隣の店よりも割高な価格だった。

・「無金利ローンで買い物ができるのは当社だけ」と表示したが、実は他社でも同じサービスを行っていた。

二重価格表示

事業者が自己の販売価格に当該販売価格よりも高い他の価格（比較対照価格）を併記して表示することを二重価格表示という。

有利誤認表示

1. 実際のものよりも取引の相手方に著しく有利であると一般消費者に誤認されるもの
2. 競争事業者に係るものよりも取引の相手方に著しく有利であると一般消費者に誤認されるもの

⬇ であって

不当に顧客を誘引し、一般消費者による自主的かつ合理的な選択を阻害するおそれがあると認められる表示

⬇

有利誤認表示の禁止

（具体例）
・商品・サービスの取引条件について、実際よりも有利であるかのように宣伝した
・競争業者が販売する商品・サービスよりも特に安いわけでもないのに、あたかも著しく安いかのように宣伝する行為

■ 不当な二重価格表示における問題点

　「当店通常価格」「セール前価格」などといった過去の販売価格を比較対照価格とする二重価格表示を行う場合に、同一の商品について最近相当期間にわたって販売されていた価格とはいえない価格を比較対照価格に用いるときは、当該価格がいつの時点でどの程度の期間販売されていた価格であるかなど、その内容を正確に表示しない限り、不当表示に該当するおそれがあります。

　ある比較対照価格が「最近相当期間にわたって販売されていた価格」にあたるか否かは、当該価格で販売されていた時期及び期間、対象となっている商品の一般的価格変動の状況、当該店舗における販売形態等を考慮しつつ、個々の事案ごとに検討されることになります。一般的には、二重価格表示を行う最近時において、当該価格で販売されていた期間が、当該商品が販売されていた期間の過半を占めているときには、「最近相当期間にわたって販売されていた価格」とみてよいとされています。

指定表示

一般消費者に誤認されるおそれがあると認められ、内閣総理大臣が指定する表示

■ その他誤認されるおそれのある表示（指定表示）

景表法には、法自体に要件が定められている優良誤認表示・有利誤認表示の2つの不当表示の他に、内閣総理大臣が指定する不当表示があります。複雑化し、高度化した現代の経済社会においては、優良誤認表示・有利誤認表示だけでは、消費者の適正な商品選択を妨げる表示に十分な対応ができないため、「指定表示」が設けられています。現在は、次の6つが指定されています。

① **無果汁の清涼飲料水等についての表示**

対象となる商品は2つあります。1つは、原材料に果汁や果肉が使われていない、容器・包装入りの清涼飲料水など（清涼飲料水・乳飲料・発酵乳・乳酸菌飲料・粉末飲料・アイスクリーム類・氷菓）です。もう1つは、原材料に僅少な量の果汁や果肉が使われている容器・包装入りの清涼飲料水などです。

これらの商品について、無果汁・無果肉であることや、果汁・果肉の割合を明瞭に記載しないのに、果実名を用いた商品名の表示などをすることが不当表示となります。

② **商品の原産国に関する不当な表示**

2つの行為類型が規定されています。1つは、国産品について外国産品と誤認されるおそれのある表示、もう1つは、外国産品について国産品・他の外国産品と誤認されるおそれのある表示が不当表示であると規定しています。

③ **消費者信用の融資費用に関する不当な表示**

消費者に対するローンや金銭の貸付において、実質年率が明瞭に記載されていない場合は不当表示にあたるとしています。

内閣総理大臣が指定する不当表示

景品表示法では、同法の運用機関である消費者庁の主任の大臣たる内閣総理大臣に、不当表示を指定する権限が付与されている。

「商品の原産国に関する不当な表示」のケース

Ｆ社は、販売する天然はちみつのラベルとシールに、「日本でも最も古く、明治時代から蜜蜂の飼育に専念」「特に三陸地方から北上山系の早池峰山麓に本拠地を置き」「わが国で最も品質の高いと謳われる純粋の『栃やあかしあやクローバーの花の蜜』を生産して参りました」という表示を行っていた。しかし、このはちみつは、国産のものだけではなく、中国・ハンガリーで採蜜された天然はちみつが混ぜられたものだった。一般消費者が、それぞれの国で採蜜されたものが混じっていることを認識することが困難である、とされた。

内閣総理大臣が指定する不当表示

1	無果汁の清涼飲料水等についての表示
2	商品の原産国に関する不当な表示
3	消費者信用の融資費用に関する不当な表示
4	おとり広告に関する表示
5	不動産のおとり広告に関する表示
6	有料老人ホームに関する不当な表示

④　おとり広告に関する表示

　広告・チラシなどで商品（サービス）があたかも購入できるかのように表示しているが、実際には記載された通りに購入できないものであるにもかかわらず、消費者がこれを購入できると誤認するおそれがあるものが不当表示となります。具体例としては、消費者庁（公正取引委員会）が公表した次のものがあります。

・セール期間中のチラシに「超特価商品10点限り！」と表示しているにもかかわらず、実際には、その商品を全く用意していない場合、または表示していた量より少ない量しか用意していない場合には、おとり広告に該当し、不当表示とされる。

⑤　不動産のおとり広告に関する表示

　具体例としては、次のものが不当表示となります。

・不動産賃貸仲介業者が、ウェブサイトである賃貸物件を掲載していたが、実際にはその物件は既に契約済みであった。

⑥　有料老人ホームに関する不当な表示

　具体例としては、次のものが不当表示となります。

・有料老人ホームが、入居希望者に配ったパンフレットには24時間の看護体制をとっていると表示していたが、実際には24時間体制はとっておらず、事実とは異なるものであった。

事業者が講ずべき管理体制の構築

不当表示等を未然に防止するための措置を採る必要がある

■ 求められる体制の構築

景品類の提供、もしくは、その事業者が供給する商品・役務について一般消費者向けに表示を行っている事業者は、その規模や業務の態様、取り扱う商品またはサービスの内容等に応じて、不当表示等を未然に防止するために必要な措置を講じなければなりません。なお、従来から景表法や景表法の規定に基づく協定・公正競争規約を遵守するために必要な措置を講じている事業者は、別途新たな措置を採る必要はありません。

事業者が講ずべき措置の具体的な内容として、主に①景品表示法の考え方の周知・啓発、②法令遵守の方針等の明確化、③表示等（景品類の提供または自己の供給する商品・役務の一般消費者向けの表示）に関する情報の確認、④表示等に関する情報の共有、⑤表示等を管理するための担当者等を定めること、⑥表示等の根拠情報を事後的に確認するために必要な措置を採ること、⑦不当な表示等が明らかになった場合における迅速かつ適切な対応が挙げられます。それぞれの措置について詳しく見ていきましょう。

■ 景品表示法の考え方の周知・啓発

不当表示等を防止するために、表示等に関与している役員および従業員にその職務に応じた周知・啓発を行う必要があります。特に、周知・啓発を行うにあたって、表示等が一般消費者にとって商品・役務を購入するかどうかを判断する重要な要素になっていること、そして、その商品・役務について多くの情報・知識を

不当表示等
景品表示法に違反する景品類の提供または表示。

景品の提供・表示について事業主が講ずべき管理上の措置

事業者が講ずべき表示等の管理上の措置の内容

① 景表法の考え方の周知・徹底　② 法令遵守の方針等の明確化
③ 表示等に関する情報の確認　　④ 表示等に関する情報の共有
⑤ 表示等の管理担当者の決定
⑥ 表示等の根拠になる情報の事後的な確認方法の確保
⑦ 不当表示等が明らかになった場合の迅速・適切な対応の整備

持っている事業者が正しい表示等を行うことで、一般消費者の利益が保護されることを、役員・従業員等に十分に理解させる必要があります。従業員等が景表法の考え方を周知・徹底することで、一般消費者だけでなく、ひいては事業者やその事業者が関係する業界全体の利益にもなることを伝える必要があります。

■ 法令遵守の方針などの明確化

事業者は、不当表示等を防止するために、景品表示法を含む法令遵守の方針・手順等をあらかじめ明確にしておかなければなりません。

もっとも、不当表示等を防止する目的に限って法令遵守の方針等を定めることを求めているものではありません。一般的な法令遵守の方針等があれば、それで足りると考えられています。

たとえば、社内規程の中に法令遵守の方針等として、法令違反があった場合の対処方針や対処内容、不当表示等については、不当表示等が発生した場合の連絡体制・商品等の回収方法、関係行政機関への報告手順を定めておくことが挙げられます。

■ 表示等に関する情報の確認

事業者は、①景品類を提供しようとする場合における違法と

社内における方針などの明確化

その他にも、事業者の規模に応じて、パンフレット、ウェブサイトなどの広報資料に法令遵守に関する方針を記載することでも、十分に方針を明確化したと認められる場合もあると考えられる。

景品類

134ページ参照。

ならない景品類等の価額の最高額・総額・種類・提供の方法等、②商品・役務の長所や特徴を消費者に知らせるための内容等について積極的に表示を行う場合における、その表示の根拠となる情報、の2点に注意して確認を行う必要があります。

十分な確認が行われたと言えるかは、主に表示等の内容・検証の容易性や、事業者が払った注意の内容・方法等を考慮して総合的に判断されます。たとえば、商品の内容等について積極的に表示を行う場合には、商品等の直接の仕入れ先に関する確認や、商品自体の表示の確認など、事業者が当然把握できる範囲の情報について、表示の内容等に応じて適切に確認することが通常求められると考えられます。

また、商品・役務の提供について段階がある場合には、業種によっては、提供する商品を企画する段階、材料の調達段階、調達した材料の加工（製造）段階、加工物を商品として実際に提供する段階など、複数の段階における情報の確認を組み合わせて実施することが必要になる場合もありえます。

■ 表示等に関する情報の共有

不当表示

142ページ参照。

表示等に関して確認した情報について、事業者内の表示等に関係する各部門において、不当表示等を防止する上で必要な場合に、情報を共有・確認できる体制を整えておく必要があります。特に部門が細分化されている事業者においては、商品等の企画・製造・加工などを行う部門と、実際に表示等を行う営業・広報部門等との間における情報共有が不十分であるために、不当表示等が発生することが少なくありません。そこで、たとえば社内ネットワークや共有ファイル等を活用して、従業員が必要に応じて、表示の根拠になる情報を閲覧・伝達できるシステムを構築しておく必要があります。

■ 表示等を管理する担当者等の決定

　事業者は、表示等に関する事項の適正な管理のために、担当者をあらかじめ定めて明確にしておくことが望まれます。なお、表示等管理担当者を定める上では、表示等管理担当者が表示等に関して監視・監督権限を持っていること、景表法の知識習得に努めていること、そして、表示等管理担当者が複数存在する場合には、それぞれの権限の範囲が明確であることが重要です。

　また、表示等管理担当者に関して、事業者内部で誰が担当者であるのかを周知する方法が確立していることも重要です。もっとも、既存の管理部門や法務部門に、表示等管理業務を担当させるのであれば、新たに表示等管理担当者を設置する必要はありません。

■ 表示等の根拠情報を事後的に確認するための措置を採る

　事業者は商品・役務の表示等に関する情報について、表示等の対象となる商品・役務が一般消費者に供給され得ると考えられる期間に渡り、その情報を事後的に確認するために必要な措置を採らなければなりません。たとえば、商品の賞味期限に関する情報については、その期限に応じた期間に渡り、必要な資料を保管等する必要があります。

■ 不当な表示等が明らかになった場合の対応

　事業者は、特定の商品やサービスに景品表示法違反、または、そのおそれがあることが明らかになった場合に、事実関係を迅速・正確に確認し、消費者の誤認排除を迅速かつ適正に行う体制を整備しておかなければなりません。また、誤認した消費者のみではなく、以後の誤認を防止するために、一般消費者に認知させるための措置をとる必要があります。

措置命令

不当表示に関して調査し、是正・排除を求める権限を
持つ

■ 消費者庁の措置命令ではどんなことを命じられるのか

　景品表示法違反の過大な景品類の提供（4条）や不当表示
（5条）が行われている疑いがある場合、消費者庁は、事業者
から事情聴取したり、資料を収集して調査を実施します。そし
て、事業者が、景品表示法に違反し、商品の品質や値段につい
て実際よりも優れているかのような不当表示や、安価であると
消費者が誤解するような不当表示などをしていると判断した場
合には、消費者庁は、その事業者に対して、違反行為の差止め、
一般消費者に与えた誤認の排除、再発防止策の実施、今後違反
行為を行わないことなどを命ずる行政処分を行うことになりま
す。これを措置命令といいます。

　なお、公正取引委員会にも景品表示法違反に関する調査権限
はありますが、措置命令を行う権限はありません。

■ 消費者庁の措置命令が出される場合と手続き

　景品表示法の規定上は、内閣総理大臣が措置命令などの権限
を行使すると規定しています。もっとも、不当表示や過大な景
品類の提供を取り締まるのは、景品表示法を所管する消費者庁
の役割です。そこで、消費者庁が、措置命令に関する手続きを
進めて行くことになります。

　景表法に違反する行為に対する措置命令の手続の流れは以下
の通りです。

① **調査のきっかけとなる情報の入手**

　景表法違反の調査は、違反行為として疑われる情報を入手す

措置命令の手続

調査のきっかけとなる情報の入手

⬇

消費者庁と公正取引委員会の双方による調査

⬇

事前手続（弁明の機会の付与）

⬇

事業者が不当表示や過大な景品類の提供を行っていると
判断した場合には、消費者庁が措置命令を行う

ることがきっかけで始まります。違反事件の調査を始めるきっ
かけとなる情報をつかむことを端緒といいます。景表法におい
ては、端緒に法的な限定はありません。一般的には、一般消費
者・関連事業者・関連団体からの情報提供や、職権による探知
などがあります。

職権による探知
自ら事件を探りあてる
こと。

② **調査**

　景品表示法違反の行為に関する調査のための権限・手続は、
一般的な行政調査権と同じ手続によって行われるのが原則です。

　調査の主体は、消費者庁から公正取引委員会に委任されてい
ますが、消費者庁自身も調査できるとしているので、消費者庁
と公正取引委員会の双方がそれぞれ、または共同して調査を
行っています。

③ **事前手続（弁明の機会の付与）**

　行政庁が不利益処分（名宛人の権利を制限し、または名宛人
に義務を課す処分）を行う場合には、その処分の相手（名宛
人）となるべき者の権利保護のため、事前手続として弁明の機
会を付与することが必要です。措置命令も不利益処分に該当し

ますので、消費者庁は事業者に対し、事前に弁明の機会を付与しなければなりません。

　なお、不当表示のうち優良誤認表示が疑われる事実がある場合、消費者庁は、事業者に対して、期間を定めて表示の裏付けになる合理的な根拠を示す資料の提出を求めることができます。提出ができないと、措置命令に際し事業者は不当表示を行ったとみなされます。

　以上の手続きを経て、なお事業者が不当表示や過大な景品類の提供を行っていると判断した場合には、消費者庁が措置命令を行います。

■ 措置命令に不服がある場合はどうする

　措置命令の内容は、主文、事実、法令の適用、法律に基づく教示の4つの項目からなっています。

　また、主文では、前述したように、次の事項が命じられることになります。

・差止命令

　過大な景品や不当な広告などの中止

・再発防止策の実施

　今後、同様の行為を行わないこと、同様な表示が行われることを防止するための必要な措置を講じ、役職員に徹底すること

・差止命令や再発防止策実施に関する公示

　違反行為があった事実について、取引先への訂正通知や、一般消費者に向けて新聞広告などを行うこと

・その他必要な事項

　命令に基づいて行ったことを、消費者庁長官に報告することなど

　措置命令を不服として争うための手続は、行政不服審査法に基づく審査請求、または行政事件訴訟法に基づく取消しの訴え（取消訴訟）によることになります。

措置命令を不服として争うための手続

審査請求は書面で消費者庁長官に対して行う

措置命令を知った日の翌日から起算して3か月以内かつ措置命令の日の翌日から起算して1年以内に行う

訴訟によって措置命令の取消を請求する場合

措置命令を知った日の翌日から起算して6か月以内かつ措置命令の日の翌日から起算して1年以内に、国（法務大臣）を被告として取消訴訟を提起

　審査請求は、措置命令を知った日の翌日から起算して3か月以内かつ措置命令の日の翌日から起算して1年以内に、書面で消費者庁長官に対して行います。

　また、訴訟によって措置命令の取消を請求する場合（取消訴訟）は、措置命令を知った日の翌日から起算して6か月以内かつ措置命令の日の翌日から起算して1年以内に、国（法務大臣）を被告として訴訟を提起します（審査請求を行った場合はその裁決が起算点となります）。

■ 関係省庁や都道府県知事によって措置が行われることもある

　措置命令については、以前は消費者庁だけが行う権限を持っていました。しかし、消費者庁のみでは、不当表示の判断等について限界があること、および、より地方主導で措置命令が行われることが適切である場合もあります。そこで、措置命令を行う権限が、関係省庁や都道府県知事に対しても付与されています。

**都道府県による
景品表示法の運用**

違反行為を迅速、効果的に規制できるよう、都道府県知事も景品表示法に基づく権限を有しており、違反行為者に対して、措置命令を行うことができる。

課徴金制度

不当表示に対する経済的な制裁制度

■ 課徴金制度とは

かつて、不当表示等に対する強制的な措置としては、消費者庁を中心に、違反行為の差止めや再発防止のための措置を求める行政処分である措置命令が行われるのみでした。ところが、大規模な事業者による食品偽装事例が相次ぎ、消費者の利益が侵害される程度が著しいことから、より積極的に不当表示等に対する対策が必要になりました。そこで、課徴金制度が創設され、不当表示の歯止めになることが期待されています。

では、どんな場合に課徴金が課されるのでしょうか。景品表示法が規制する不当表示には、①優良誤認表示、②有利誤認表示、③その他誤認されるおそれがあるとして指定される不当表示の３種類があります。これらのうち、課徴金制度の対象になる不当表示は、①優良誤認表示が行われた場合と②有利誤認表示が行われた場合に限定されています。

また、消費者庁が、事業者が提供する商品等の内容について、優良誤認表示に該当するかどうかを判断するために必要があると考える場合に、事業者に対して、優良誤認表示にあたらないことについて合理的な根拠資料の提出を求めることができます。この場合、事業者がそのような資料を提出できないときには、実際には商品等に関する優良誤認表示が存在しない場合であっても、その表示が優良誤認表示に該当すると推定され、課徴金が課せられる対象になります。

もっとも、事業者が景表法が定める課徴金対象行為をしたということを知らず、かつ、知らないことについて相当の注意を

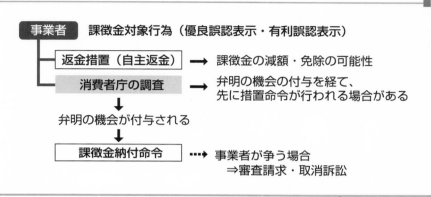

課徴金納付命令の流れ

事業者 課徴金対象行為（優良誤認表示・有利誤認表示）

返金措置（自主返金） ➡ 課徴金の減額・免除の可能性

消費者庁の調査 ➡ 弁明の機会の付与を経て、
先に措置命令が行われる場合がある

↓

弁明の機会が付与される

↓

課徴金納付命令 ┅➡ 事業者が争う場合
⇒審査請求・取消訴訟

怠った者でないと認められるときは、課徴金納付命令を出すことができません。逆にいうと、課徴金対象行為をしたことを知っていた事業者と、相当の注意を怠ったために知らなかった事業者が、課徴金納付命令の対象です（主観的要件）。

■ 課徴金額の決定

　以上の要件を満たしたときに、消費者庁は、事業者に対して課徴金納付命令を行います。このとき、納付を命じる課徴金の金額は、次のような基準で決定されます。課徴金が課せられる基礎になる、不当表示の期間に関しては、原則として、対象になる不当表示を行った期間、および、当該表示を止めてから6か月以内の取引が対象期間になります。もっとも、不当表示の期間がさかのぼって3年を超える場合には、3年を超える期間が計算対象になることはありません。

　また、課徴金額は、対象になる不当表示の影響を受けて、事業者が得た売上額の3％になります。具体的には、前述の課徴金対象期間に当該不当表示を行った商品・サービス等の売上金額の3％が課徴金として課されることになります。

不当な表示と問題点

■ 実際に問題が起きた場合にはどうする

　企業が消費者の信用を大きく失うものとして、「不当表示」「偽装表示」がその対象となることが多いといえます。消費者庁・公正取引委員会の調査が入り、自社の商品・サービスに景表法違反の疑いがあるとされた場合には、企業の危機だと認識しなければなりません。直ちに、調査を始め、早急に景表法違反の事実があったかどうかについて、明確な結論を出す必要があります。また、調査に時間がかかるようであれば、暫定的な処理として、景表法に違反しているおそれのある行為などを中止しなければなりません。事件発覚時にどう対応したかが、社会的な非難を拡大させるかどうかに大きな影響を与えます。不当表示（不当景品）案件が発生した場合の、行うべき対応の一般的な流れを見ておきましょう。

① 事件発覚

② 調査・原因の究明

③ 対応方針の検討、決定

④ 対応体制の確立

⑤ 公式見解の検討、作成

⑥ 対策の実施

⑦ 信頼回復策の企画、実施

⑧ 長期的企業イメージ回復策の検討、着手（実施）

　次に、⑥の「対策の実施」について、具体的な対策を見ていきます。実施を検討すべき具体的な対策には、次ページ図のものがあります。

実施を検討すべき具体的な対策

対　策	具体的内容
マスメディア対策	マスメディア対応の一元化・プレスリリース作成・記者会見（記者発表）・報道の分析など
消費者対策	広告（広告物）の中止（回収）・ホームページなどの当該表示の削除・謹告（お詫び広告）
商品の回収	回収窓口設置・対応マニュアルの作成・対応要員の配置（訓練）
官公庁対策	調査対応・状況説明（報告）
取引先対策	状況説明（報告）・社名での文書配布
消費者団体対策	状況説明（報告）
業界（団体）対策	状況説明（報告）
社内対策	トップからのメッセージ（文書）

■ どんな場合に違反が発覚するのか

　不当表示などの景表法違反が判明する端緒には、大きく分けて、次の2つが考えられます。

① 内部通報や、内部監査などの社内調査の過程から発覚するなど企業自身の内部から発覚するケース

② 消費者庁、公正取引委員会や都道府県などの行政機関、およびマスメディアなど外部から発覚するケース

　外部から発覚したという場合でも、その元をたどれば、企業内の人間が、外部である監督官庁やマスメディアに告発したものが多いと予想されます。特に、告発者を保護する目的で制定された「公益通報者保護法」が2004年に施行されてからは、その傾向はいっそう強くなっています。

内部通報／
内部告発

内部通報とは企業内の問題を企業内部の窓口に通報すること。内部告発とは、企業の問題を捜査機関、行政機関、マスコミなどの企業外部の機関などに告発すること.。

企業のとるべき対応

日頃から対応方法を知り、対策を講じる

■ 調査の対象にされたら

　消費者庁は、調査の必要があると認めたときには、違反が疑われる事実が存在するかどうかの調査を行います。こうした調査は、通常、行政庁では、相手方が協力してくれる場合は、任意的に進め、多くの事件もこのやり方で処理されています。しかし、違反事件の調査では、相手方の充分な協力が期待できないことが多いので、景表法では、違反行為があるとき、必要な措置を命じることができるようにするために、消費者庁（委任を受けている公正取引委員会や都道府県知事を含む）に次の権限が与えられています。

・事件関係者から報告させること（報告の徴収）

・帳簿書類その他の物件の提出を命じること

・事件関係者の事務所・事業所など必要な場所に立ち入り、帳簿書類などの物件を検査し、関係者に質問すること（立入調査）

　景表法に基づく調査は、相手方が従わない場合には、罰則によって間接的に履行を担保されることになっています。調査を拒否・妨害などをした者には、1年以下の懲役または300万円以下の罰金が科せられます。

　消費者庁などの調査対象とされた場合には、直ちに対応策を取る必要があります。危機管理委員会などの組織が既に社内に設置されていれば、その組織を中心に対応を開始すべきでしょう。そうした組織が整備されていない場合には、社長をトップに据えたプロジェクトチームを立ち上げることが望ましいでしょう。提出資料・回答内容によっては、詐欺罪・不正競争防

問題が起こる前の予防と対策

事前の対策	←	・平常時からリスク管理体制を整えておく ・通報の受付窓口の設置など、内部告発対策を整える
景品表示法 違反行為の発覚		・適法であることを根拠付ける資料を商品・サービス 開発の段階から準備しておく
事後の対策	←	信頼回復のための措置の実施　など

止法違反などの証拠とされる可能性もあるので、対応について
は弁護士のアドバイスを得ながら行う必要があります。

■ 不実証広告規制の資料の提出を求められたら

消費者庁長官は、優良誤認表示に該当するか否かを判断する
必要がある場合には、期間を定めて、事業者に対して表示の裏付
けとなる合理的な根拠を示す資料の提出を求めることができます。

① 期限の厳守

景表法7条2項に基づき求められる措置命令に係る資料の提
出期限は、前述した通り、資料提出を求める文書が送達された
日から15日後です。時間はきわめて限られています。そのよう
な資料が事前に準備できていない場合には、即座に準備を開始
しなければなりません。

提出期限の延長は、自然災害など不可抗力以外は認められな
いと考えておいた方がよいでしょう。また、期限内に提出でき
る資料だけを期限内に出し、期限後に追加資料を出すというや
り方も理屈の上ではあるでしょう。しかし、消費者庁は、たと
え期限後に提出した資料が合理的なものであっても、措置命令
の執行は免れない、という姿勢を保っています。したがって、
期限内にできる限りの資料を提出するべく最大限の力を注ぐこ

不実証広告規制
148ページ参照。

景表法7条2項
事業者が、消費者庁長官によってあらかじめ設定された期間内に表示の裏付けとなる合理的な根拠を示す資料を提出しないときは、当該事業者が行う当該表示は不当表示とみなされるとする規定。

とが大事だといえます。

②　資料内容

景表法7条2項に関しては、「不当景品類及び不当表示防止法第7条第2項の運用指針」というガイドラインが作られています。したがって、求められている資料は、このガイドラインに示された次の2つの要件を満たすものでなければなりません。

・提出資料が客観的に実証された内容のものであること
・表示された効果・性能と提出資料によって実証された内容が適切に対応していること

まず、「客観的に実証された内容のもの」とは、次のどちらかに該当するものとされています。

・試験・調査によって得られた結果
・専門家・専門家団体・専門機関の見解または学術文献

さらに、ガイドラインでは、これら試験・調査および専門家などの見解・学術文献のそれぞれについて、厳しい基準を設けていますので、一度、目を通しておく必要があるでしょう。

次に、「表示された効果・性能と提出資料によって実証された内容が適切に対応していること」とは、資料それ自体が客観的に実証されたものであることに加え、「表示された効果・性能」が資料によって実証された内容と適切に対応していなければならない、ということを意味します。

事件対応の点で特に考慮しなければならないのは、不当表示などの景表法違反の疑いで消費者庁から資料の提出を求められた場合（不実証広告規制）に、提出期限は15日後であるため、資料提出までの時間的猶予があまりないという点です。

そのため、実際には不当表示とはいえない場合であっても、企業が求められた資料を期限内に提出できないときには、当該表示は不当表示とみなされ、措置命令が発令され、企業活動に多大な打撃を与えるおそれがあります。

そこで企業側としては、違反していないことを説明できる資

資料提出までの時間的猶予がない点

提出が要求されている資料の内容は、「合理的な根拠」を示すことができるような、客観的に実証された内容でなければならない。仮に資料の提出が求められた場合、期限内に、必要な調査・試験を行い結果を得ること、あるいは専門家などから見解をもらった上で、求められている水準を満たした資料をそろえることは、きわめて難しいといえる。

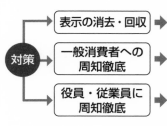

措置命令への対策

```
        ┌─→  表示の消去・回収  ─→  広告の中止・広告物の回収、ホームページなどの
        │                          当該表示の削除、場合によっては商品の回収
  対策 ──┼─→  一般消費者への     ─→  不当表示が行われた地域で発行されている新聞
        │     周知徹底              への広告掲載
        │
        └─→  役員・従業員に     ─→ ・調査委員会・コンプライアンス委員会などの
              周知徹底              設置
                                 ・広告・表示についての社内規程の整備、研修
                                   の実施・充実、監視・監査する組織の設置な
                                   どコンプライアンスの徹底
                                 ・内部通報制度の整備
```

料を、常日頃から、さらに言えば、商品（サービス）開発の段階から準備しておくことが望ましいといえるでしょう。

■ 措置命令への対応や指示に至らない行政指導

　景表法に違反する行為があると認定した場合であっても、消費者庁が必ずしも「措置命令」を発令するとは限りません。景表法に違反するおそれのある行為を行った事業者に対しては、「指導および助言」が行政指導として行われる場合もあります。行政指導は法的効力を有するものではありませんが、マスメディアなどで報道されることも考慮の上、真摯に対応することが望まれます。ただし、行政指導そのものが不当なものであれば、行政指導の趣旨などを記載した書面の交付を求め、その不当性をあくまでも立証していく必要があるでしょう。

　最近の措置命令においては、景表法違反事業者に対しては、ほとんどの場合、次の3つの事項が命じられています。
① 表示が、優良誤認表示・有利誤認表示に該当するものであることを一般消費者へ周知徹底すること
　この周知徹底の方法は、具体的には、不当表示が行われた地

域で発行されている新聞に広告を掲載することによって行うことになります。また、掲載が終わったのであれば、速やかに消費者庁長官に書面で報告を行うことも、通例、命令に盛り込まれています。

② **再発防止策を講じて、役員・従業員に周知徹底すること**

具体的に再発防止策の内容がいかなるものであるかについては、消費者庁からは明示されないことがほとんどですが、明示された場合にはそれに従うことになります。

再発防止策の事例
内容が明示されないときは、過去の事例を参考にすれば、次のようなものが考えられる。
・調査委員会の設置
・社長をトップとするコンプライアンス委員会などの設置
・広告・表示に関する責任者の設置
・コンプライアンス・広告・表示に関する社内規程の整備
・コンプライアンス・広告・表示に関する研修の実施・充実
・コンプライアンス・広告・表示を監視・監査する組織の設置
・内部通報制度の整備

なお、特に、景表法違反に社長・取締役などが直接絡んでいたり、会社ぐるみであることが疑われる場合には、中立性確保のために、弁護士などの外部の第三者を交えた調査委員会を発足させて調査を行うことが望ましいでしょう。

③ **今後、同様の表示を行わないこと**

当然のことですが、違反行為が続いている場合には、直ちにやめなければなりません。具体的な対策については、広告の中止・広告物の回収・ホームページなどの当該表示の削除、そして場合によっては商品の回収まで行う必要があるでしょう。

■ 措置命令に不服がある場合

措置命令に不服がある場合、措置命令に対する不服申立てとして、まず行政不服審査法に基づき消費者庁長官を相手に「審査請求」を行うことが挙げられます。審査請求は正当な理由がある場合を除いては、原則として、措置命令を受けたことを知った日の翌日から起算して3か月以内に請求をしなければなりません。審査請求は、行政庁（消費者庁長官）自身に対して、行った違法・不当な措置命令を再考する余地を与える制度ですので、事業者にとって利用しやすい制度です。

審査請求によっても救済されない事業者としては、不服を訴える手段として行政事件訴訟法に基づく「取消訴訟」を提起することが可能です。審査請求に関する裁決に不服がある事業者

は、正当な理由がある場合を除き、審査請求に関する裁決を受けたことを知った日から6か月以内に、地方裁判所に対して取消訴訟を提起しなければなりません。なお、取消訴訟は、審査請求を経ずに直接提起することも可能ですが、その場合は、原則として措置命令があったことを知った日から6か月以内に、措置命令の取消しの訴えを提起しなければなりません。

■ 消費者団体訴訟への対応について

消費者契約法により認定を受けた「適格消費者団体」は、不当表示のうちの優良誤認表示・有利誤認表示（「指定表示」は対象外）の差止めなどを請求する訴訟（消費者団体訴訟）を提起することができます。ただし、消費者団体訴訟を提起するときは、被告となるべき事業者に対し、あらかじめ、請求の要旨・紛争の要点などを記載した書面により差止請求をしなければなりません。その上、その事業者が差止請求を拒んだ場合を除き、その書面が到達した時から1週間を経過した後でなければ、消費者団体訴訟を提起することができません。

したがって、消費者団体訴訟は、ある日突然提起されるということはなく、必ず事前の動きがあります。事前の交渉段階で、消費者団体の指摘が当然である場合はそれを受け入れ、事業者自ら表示の中止を申し出ることにより交渉が妥結することもあります。また、交渉が妥結にまで至らなかった場合でも、表示の中止に適切に踏み切ることによって、消費者団体の請求が裁判所に認められる要件である「現に行いまたは行うおそれがある」状態を解消することにつながる可能性もあります。冷静に対応することが大事だといえるでしょう。

訴訟を提起する地方裁判所

原則として「東京地方裁判所」または「事業者の所在地を管轄する高等裁判所の所在地を管轄する地方裁判所」である。たとえば、事業者が沖縄県所在の場合は、東京地方裁判所または福岡地方裁判所に取消訴訟を提起することができる。

消費者団体訴訟対応への注意点

消費者団体は事業者との交渉過程をこと細かく、自らのホームページなどで公表することが多いので、そのことを留意の上、交渉に臨むことも必要である。

Column

公正競争規約とはどんなものなのか

　景表法31条は、「協定または規約」について規定しています。これは、業界の事業者や事業者団体が、誇大な広告表示や過大な景品提供を防止し、こうした活動を適正に行うために定めた自主規制ルールのことで、「公正競争規約」と呼ばれ、景表法上の重要な柱となっています。

　公正競争規約は、事業者や事業者団体が、景品類や表示に関して消費者庁長官および公正取引委員会の認定を受けて、不当な顧客誘引を防止して、一般消費者による自主的・合理的な商品・サービスの選択および事業者間の公正な競争を確保するために締結するものです。また、この公正競争規約を運用するのが公正取引協議会です。認定を受ける上で、事業者や事業者団体が満たすべき要件は４つあります。それは、①不当な顧客の誘引を防止して、一般消費者の自主的・合理的な選択を確保し、事業者間の公正な競争が確保されていること、②一般消費者等の利益を不当に害しないこと、③不当に差別的ではないこと、④公正競争規約への参加・脱退について不当に制限がないことです。

　なお、公正競争規約のポイントは、次の３つです。

・事業者団体などが自主的に定める業界ルール

・景品類の提供制限や広告・表示の適正化を目的とする

・ルールの設定・変更は、消費者庁長官および公正取引委員会の認定を受けなければならない

　規約に参加している事業者や事業者団体が公正競争規約に違反した場合は、公正取引協議会が調査を行い、規約に従って、警告・違約金・除名などの措置が行われることになります。なお、公正競争規約に基づいて適切な措置がとられれば、景表法に基づく措置はとらないという運用も行われています。

PART 7

下請法のしくみ

下請法とは

立場の弱い企業を守る法律である

■ なぜ制定されたのか

　下請法（下請代金支払遅延等防止法）は、大企業と取引をした中小企業や個人事業者が、大企業から不当な要求をされることを防ぐ目的で制定された法律です。中小企業や個人事業主は、大企業が重要な取引先となっているケースが多いので、大企業との関係が悪化すると事業活動が立ち行かなくなってしまいます。そのため、大企業から不当な要求をされたとしても、その要求をのまざるを得ない立場にあります。

　そこで、中小企業や個人事業者を大企業からの不当な要求から守るために、下請法が制定されました。

　下請法は、規模の大きな企業を親事業者、規模の小さい企業や個人事業者を下請事業者と定義した上で、親事業者と下請事業者との間で請負契約を締結する際に、親事業者が下請事業者に対して不当な要求をすることを禁止しています。

　どちらが親事業者または下請事業者となるかについては、相対的な関係で決まります。たとえば、物品の製造・修理委託などについては、資本金が３億円を超える事業者が親事業者になり資本金３億円以下の事業者が下請事業者になる場合、または、資本金が1000万円を超え３億円以下の事業者が親事業者になり資本金1000万円以下の事業者が下請事業者になる場合、といったように事業者の資本金の規模に応じた規制が行われています。

■ 独占禁止法との関係は

　下請法で禁止されている行為の多くは、独占禁止法の優越的

**下請法の適用を
受けない場合とは**

下請法の適用は、親事業者と子事業者の間に客観的に力関係があることが必要になる。そのため、資本金の額と取引の内容が下請法の適用要件となる。資本金の要件を満たさない場合には下請法の適用を受けない。

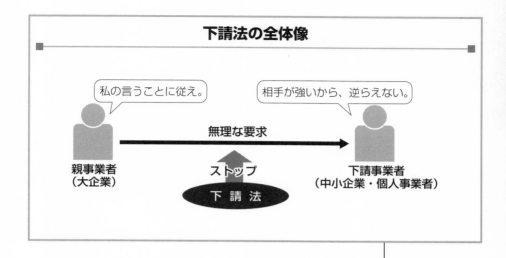

下請法の全体像

私の言うことに従え。

相手が強いから、逆らえない。

無理な要求

親事業者
（大企業）

ストップ

下 請 法

下請事業者
（中小企業・個人事業者）

地位の濫用の規定によっても禁止されている行為です。

　たとえば、大企業が元請になり中小企業が下請となった場合に、大企業が下請に支払う代金を不当に減額することは優越的地位の濫用に該当します。大企業が、自分の立場が強いことを利用して、中小企業に対して無理な要求をしているので、優越的地位の濫用として独占禁止法によって規制されています。

　しかし、優越的地位の濫用に関する規定は抽象的であって、どのような行為が優越的地位の濫用に該当するのかわかりにくいという欠点があります。これに対して、下請法では、元請から下請に対するどのような要求が禁止されるのかについて具体的に示されています。

優越的地位の濫用
68ページ参照。

■ どんな場合に適用されるのか

　下請法が適用される取引は、「製造委託」「修理委託」「情報成果物の作成委託」「役務の提供委託」の4種類に大別されています。そして、これらの委託に関する契約が、規模が大きい企業を注文者、規模が小さい企業を請負人として締結される場合に、下請法が適用されます。

役務
委託事業者が他者に提供する役務のこと。委託事業者が自ら利用する役務は含まれない。

対象となる取引

資本金と委託取引に応じて親事業者か下請事業者かが変わる

■ 適用対象になる取引は4類型ある

　下請法の適用を受ける取引は、製造委託、修理委託、情報成果物の作成委託、役務の提供委託の4種類の委託取引です。

　製造委託とは、ある事業者が他の事業者に対して、製品の規格、形状、デザインなどを指定して、物品（動産を指します）、半製品、部品、原材料、金型の製造を委託することです。

　修理委託とは、事業者が業務として請け負う物品の修理を他の事業者に委託することです。

　情報成果物の作成委託とは、情報成果物（映像、デザイン、ソフトウェアなど）の提供・作成を行う事業者が、その情報成果物の作成を他の事業者に委託することです。

　役務の提供委託とは、事業者が業務として行っている役務提供の一部を他の事業者に委託することです。

■ 規制対象になる親事業者と保護される下請事業者

　製造委託契約・修理委託契約を締結しているか、または情報成果物の作成委託契約・役務の提供委託契約を締結しているかによって、原則として規制対象となる親事業者と保護される下請事業者の範囲が異なってきます。まず、①製造委託・修理委託及び政令で定める情報成果物の作成委託・役務の提供委託を行う場合について説明します。資本金の総額が3億円を超える事業者が、資本金が3億円以下の事業者に対して①の委託をする場合に、前者の事業者が親事業者として規制され、後者の事業者が下請事業者として保護されます。また、資本金の総額が

製造委託契約の例

たとえば、①物品を販売している事業者が他の事業者に物品などの製造を委託すること、②物品を製造している事業者が他の事業者に物品などの製造を委託すること、③物品を修理している事業者が修理に必要な部品などの製造を他の事業者に委託すること、④自社の工場で使用する機械の製造を業務として行っている場合に、その機械の製造を他の事業者に委託すること、が製造委託契約に該当する。

修理委託の例

たとえば、物品の修理を請け負った事業者が修理の一部を他の事業者に委託することや、自社の工場で使用する物品の修理を業務として行っている場合に、その修理の一部を他の事業者に委託することが修理委託に該当する。

情報成果物の作成委託の例

たとえば、テレビのコマーシャルを製作する広告会社が、コマーシャルの一部の製作を他の事業者に委託することが情報成果物の作成委託に該当する。

下請法の親事業者、下請事業者と扱われる場合

対象となる取引	親事業者	下請事業者
物品の製造・修理委託及び政令で定める情報成果物作成・役務提供委託を行う場合	資本金3億円超 ⟶	資本金3億円以下
	資本金1000万超3億円以下 ⟶	資本金1000万円以下
上記の情報成果物作成・役務提供委託を除く情報成果物作成・役務提供委託を行う場合	資本金5000万円超 ⟶	資本金5000万円以下
	資本金1000万円超5000万円以下 ⟶	資本金1000万円以下

※下請事業者には個人事業者（個人として業務を行う者）を含む

1000万円を超えて3億円以下の事業者が、資本金が1000万円以下の事業者に対して①の委託をする場合に、前者の事業者が親事業者として規制され、後者の事業者が下請事業者として保護されます。

次に、②情報成果物の作成委託・役務の提供委託（①の政令で定めるものを除く）を行う場合について説明します。資本金が5000万円を超える事業者が、資本金が5000万円以下の事業者に対して②の委託をする場合に、前者の事業者が親事業者として規制され、後者の事業者が下請事業者として保護されます。

また、資本金の額が1000万円を超え5000万円以下の事業者が、資本金が1000万円以下の事業者に対して②の委託をする場合には、前者の事業者が親事業者として規制され、後者の事業者が下請事業者として保護されます。

なお、業務の執行について親事業者である会社Aから支配を受けている会社Bが、会社Aから請け負った事業を別の会社Cに再委託する場合には、会社Bは親事業者（みなし親事業者）だとみなされます。これをトンネル会社規制と呼ぶことがあります。

役務の提供委託の例

たとえば、ビルのメンテナンスを行っている会社が、メンテナンスに必要な作業の一部を他の会社に委託することが役務の提供委託に該当する。

トンネル会社規制

規模の小さい会社Bを経由して会社Cに委託することで下請法の適用を免れることを防ぐために、会社Bを親事業者とみなすことにしている。

親事業者の義務

書面を作成する義務もある

■ どんな義務が課されているのか

　下請事業者が親事業者による行為により不当な不利益を受けないように、親事業者に対してはさまざまな義務が課せられています。具体的には、①契約内容を記載した書面の交付義務、②下請代金の支払期日を定める義務、③書類を作成・保存する義務、④遅延利息の支払義務があります。以下の項目では、親事業者が負っている義務の内容について、見ていきます。

① 契約内容を記載した書面の交付義務

　親事業者には、製造委託等（製造委託、修理委託、情報成果物の作成委託、役務の提供委託）の契約をする都度、下請事業者に対し、下請事業者の給付の内容、下請代金の額、下請代金の支払期日・支払方法など、契約内容を記載した書面（3条書面）を直ちに交付する義務があります。

② 下請代金の支払期日を定める義務

　親事業者には下請代金の支払期日を定める義務があります。この期日は、下請事業者から給付や役務の提供を受けた日から起算して60日以内で定める義務があります。

　下請代金の支払期日を定めなかった場合には、下請業者が役務の提供をした日か、親事業者が下請事業者から製作物の給付を受けた日が支払期日になります。給付や役務の提供を受けた日から起算して60日が経過した以降の日を支払期日と定めた場合には、60日目が支払期日になります。さらに、給付を受けた内容を後日に検査する場合でも、あくまで給付を受けた日から起算して60日以内が支払期日となる点に注意が必要です。

3条書面を直ちに下請事業者に交付する義務

契約の内容があいまいであるために後日に紛争になった場合には、親事業者と比べて立場が弱い下請事業者が、親事業者の主張を受け入れざるを得なくなる。契約の内容をあいまいにしないために、親事業者には、発注のたびに、3条書面を直ちに下請事業者に交付する義務が課せられている。3条書面の交付を怠った場合には、50万円以下の罰金が科される。

一定期間共通である事項について

ただし、必要記載事項のうち、一定期間共通である事項（支払方法、検査期間など）について、あらかじめこれらの事項を明確に記載した書面で下請事業者に通知している場合には、発注のたびに、これらの事項を3条書面に記載する必要はない。

親事業者に課される義務

①契約内容を記載した書面を交付する	→	発注する際に交付するのが原則
②下請代金の支払期日を定める	→	給付等（給付や役務提供）の日から起算して60日以内
③書類を作成・保存する	→	怠った場合には50万円以下の罰金
④下請代金の遅延があった場合には遅延利息を支払う	→	給付等の日から起算して60日が経過した日から年14.6％の遅延利息の支払義務が生じる

③ 書類の作成や保存義務

　親事業者は、下請事業者と製造委託等の契約を締結した場合に、下請事業者が親事業者に給付した物品や、下請代金の額などを記載した書類（５条書類）を作成し、２年間保存する義務があります。下請業者との取引でトラブルが生じることを防止し、公正取引委員会による親事業者への監督を適正に行うために、親事業者には５条書類の作成と保存が義務付けられています。

④ 遅延利息の支払義務

　下請代金の支払遅延があった場合、親事業者は、下請事業者に対し、下請事業者からの給付や役務の提供があった日から起算して60日が経過した日から、年14.6％の遅延利息を支払う必要があります。ただし、年14.6％という遅延利息は親事業者が受領をした日から起算して60日が経過しないと付されません。そのため、親事業者と下請事業者の間で「親事業者が製品を受け取った日から起算して20日以内に、親事業者から下請事業者に代金の支払いを行う」と契約していたとしても、年14.6％の遅延利息は親事業者が製品を受け取ってから60日を経過してからつきます。

５条書類

下請事業者ごとに、下請事業者の名称、製造委託等をした日、下請事業者の給付の内容（役務提供委託では役務の提供の内容）、下請事業者からの給付を受領した日（役務提供委託では役務が提供される期日・期間）、下請事業者に支払った代金の額などを記載する。５条書類の作成・保存を怠った場合には、50万円以下の罰金が科される。

法定利率

民事・商事を問わず「年３％」に統一され、３年毎に法定利率が見直される（変動利率）。

年14.6％の遅延利息

本文の例では、21日目から60日目までの間は、当事者で遅延利息を定めていない限り、年３％の法定利率の割合で遅延利息がつく。

禁止行為や違反措置

■ 禁止行為は11項目ある

　下請法では、親事業者に対し11項目の行為を禁止しています。ここでは11項目の禁止行為について簡単に紹介していきます。

①　親事業者が下請業者に委託を行い、下請業者が親事業者に製品などの給付をした場合には、親事業者が下請事業者からの給付の受領を拒絶することは禁止されています。

②　下請代金の支払いを遅延することは禁止されています（支払遅延の禁止）。親事業者は、下請事業者から給付を受領した日から起算して60日以内の支払期日に下請代金を全額支払う必要があります。

③　親事業者が、下請事業者に責任がないにもかかわらず、発注時に決められた代金を減額することは禁止されています。

④　下請事業者に責任がないにもかかわらず、親事業者が下請事業者から受け取った製品などを返品することは禁止されています。

⑤　親事業者と下請事業者との間で下請代金を決定する際に、類似する契約と比べて著しく低い額を下請代金として決定することは禁止されています。

⑥　正当な理由がある場合を除き、親事業者が指定する製品などを下請事業者に購入させたり、下請事業者にサービス（役務）を利用させて対価を支払うようにする旨を強制することは禁止されています。

⑦　親事業者が不当に下請代金の支払いを遅延したり、下請代金の減額を行い、その事実を下請事業者が公正取引委員会や

返品の禁止
不良品を理由とする返品は許されるが、下請事業者に責任がないにもかかわらず返品をすることはできない。

親事業者の禁止行為

禁止行為	
①受領を拒否する行為	⑦報復措置をすること
②下請代金の支払を遅延すること	⑧有償支給原材料等の対価を早期決済すること
③下請代金を減額すること	
④返品すること	⑨割引困難な手形を交付すること
⑤買いたたきをすること	⑩不当な経済上の利益の提供の要請
⑥物の購入やサービスの利用の強制	⑪不当なやり直しなどをさせること

中小企業庁に報告した場合に、親事業者が下請事業者に報復としてその下請事業者との取引を停止したり、取引数量を削減するなどの不利益な取扱いをすることは禁止されています。

⑧　親事業者が、下請業者に責任がないにもかかわらず、自己から購入させた原材料や部品などの対価を、その原材料や部品などを用いた給付に対する下請代金の支払期日より早い時期に、相殺したり支払わせたりすることは禁止されています。

⑨　親事業者が下請事業者に下請代金を支払う際に、金融機関での割引が困難な手形を用いて支払いをすることは禁止されています。

⑩　親事業者が下請事業者に対して、金銭や役務など経済的な利益を不当に提供させることは禁止されています。

⑪　親事業者が、下請事業者に責任がないにもかかわらず、親事業者自ら費用を負担することなく、下請事業者の給付の内容を変更させたり、製品などの受領後に下請事業者に給付のやり直しをさせたりすることは禁止されています。

受領拒否

所定の期日に受け取る必要がある

■ 受領拒否とは

　下請事業者に責任がないにもかかわらず、親事業者が下請事業者からの給付を拒むことを受領拒否といいます。

　受領とは、親事業者が製品などの検査をするかどうかにかかわらず、下請事業者が給付した物を受け取ることをいいます。

　下請事業者は、親事業者から規格やデザインなどを指定されて製品の製造をしています。下請事業者が製品の給付をした際に親事業者に受領を拒まれてしまうと、その製品を他の企業に転売することができないので、下請事業者は不良在庫を抱えることになります。また、親事業者の倉庫が満杯でこれ以上商品が保管できないというような場合にも、親事業者による受領拒否が行われます。しかし、このような受領拒否は、親事業者の都合を一方的に下請事業者に押し付けるもので、下請事業者は不当な不利益を被ることになります。そのため、親事業者による受領拒否は、下請法によって禁止されています。

■ 製品や情報成果物の受領について

　親事業者が下請事業者に製品の製造を委託した場合であれば、下請事業者から完成した製品を受け取ることが受領になります。これに対して、情報成果物の作成を委託した場合には、情報を記録した媒体があるときはその媒体を親事業者が受け取ることにより、媒体がないときは情報自体を親事業者が受け取ることにより、受領が行われます。

情報成果物の受領の例

たとえば、情報を書き込んだUSBメモリーを親事業者が受け取ったり、インターネットを経由して情報が親事業者のもとに届くことで、情報成果物の受領が行われる。

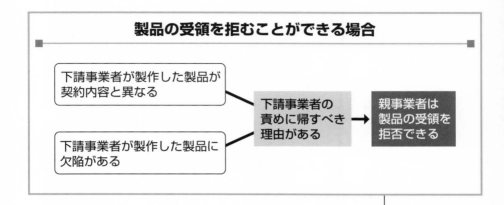

製品の受領を拒むことができる場合

下請事業者が製作した製品が契約内容と異なる

下請事業者が製作した製品に欠陥がある

→ 下請事業者の責めに帰すべき理由がある

→ 親事業者は製品の受領を拒否できる

■「責に帰すべき理由」について

　親事業者が下請事業者からの給付の受領を拒否することは禁止されていますが、下請事業者に「責めに帰すべき理由」（落ち度）があれば、受領を拒否することが許されます。このときは、下請事業者に対し、民法に基づいて製品の修理や損害賠償を請求することも可能です。

　たとえば、下請事業者が事前に親事業者との間で合意していた規格とは異なる製品を製作した場合や、製品に欠陥がある場合には、下請事業者に落ち度があるので、親事業者は給付の受領を拒むことができます。しかし、下請事業者に「責めに帰すべき理由」があるかどうかの判断は厳格に行われるので、裁判所は、簡単には下請事業者に「責めに帰すべき理由」があるとの認定を行いません。たとえば、契約書や３条書面などの中に明確に記載されていない事柄について親事業者と下請事業者との間で争いになった場合には、親事業者による勝手な解釈を根拠にして受領を拒否することはできません。

■ 無理に短縮した納期の設定

　親事業者が下請事業者に強要して、無理に短縮した納期を設定した場合には、納期に製品などを完成することができなかっ

たとしても、親事業者は、納期に遅れて提供された製品などの受領を拒否することはできません。

　納期については、原則としては親事業者と下請事業者の合意によって自由に決めることができます。しかし、立場が弱い下請事業者は、親事業者の強硬な主張があった場合には、製品などの完成が困難であっても親事業者が指定する納期で仕事を受けざるを得ません。親事業者が無理に短縮した納期を設定したために、下請事業者が納期に遅れて製品などを完成させたとしても、下請事業者に「責めに帰すべき理由」がないので、親事業者は下請事業者からの製品などの受領を拒むことはできません。

■ 期日前の受領を親事業者は強制されない

　下請事業者は、特に期日前に製品が完成した場合には、自社の倉庫を空けておきたいといった理由から、親事業者に対して期日前に製品を受領するよう要請することがあります。下請事業者としては、親事業者に期日前に受領してもらうことで、倉庫内の物品などを減らし、スムーズに事業活動ができるようになります。

　このような下請事業者の要請に対して、親事業者が応じる義務はありません。親事業者の倉庫が満杯の場合には、下請事業者から納入された製品を倉庫で保管することができず、親事業者が不利益を被ってしまいます。事前に設定した納入期日前であれば、親事業者は製品を受領しなくても下請法に違反しません。もっとも、下請事業者から、期日前に受領することを要請された場合に、親事業者が任意に下請事業者からの製品の給付を受領することはできます。

　ただし、親事業者は、下請事業者から製品を受領する場合には、下請代金の支払期日に注意する必要があります。下請代金は、下請事業者から製品などを受領した日から起算して60日以内に支払う必要があります。そのため、事前に設定した納入期日より早く製品を受領することで、事前に設定した支払期日が

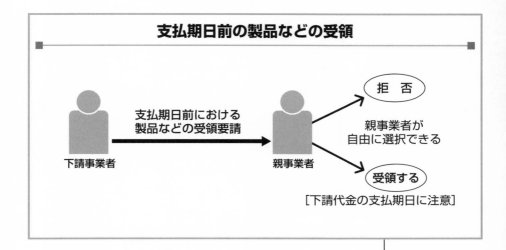

支払期日前の製品などの受領

支払期日前における
製品などの受領要請

下請事業者 → 親事業者

拒 否

親事業者が
自由に選択できる

受領する

[下請代金の支払期日に注意]

製品受領の日から起算して60日を超えてしまう場合には、下請代金の支払期日が早まることになります。

このような場合に、下請代金の支払期日を事前に設定した日から変更したくない場合には、仮受領という方法を用いることができます。

■ 発注の取消しが受領拒否にあたることもある

下請事業者に「責に帰すべき事由」（落ち度）がないのに、親事業者が発注を取り消して、発注時に定められた納期に下請事業者の給付の全部または一部を受け取らないことは、下請法によって禁止されている受領拒否に該当します。そのため、下請事業者に落ち度がなければ、親事業者は発注を取り消して、納期に下請事業者から給付された製品等の受領を拒むことはできません。たとえば、Ｂ社（親事業者）がＡ社（下請事業者）に製造を発注した部品について、発注書記載の契約内容をＡ社の落ち度がないのに取り消すことは、後述する不当な給付内容の変更に該当します。そして、その部品をＡ社が納入した場合に、Ｂ社がＡ社の落ち度がないのに受領を拒むことが受領拒否に該当します。

仮受領

親事業者は仮受領として製品を受け取り、当初設定した納期まで製品を保管し、当初の納入期日に正式に製品を受領する。こうすれば、下請代金の支払期日を早める必要がなくなる。

不当な給付内容の変更

204ページ参照。

支払遅延

支払遅延が生じたときは遅延利息を支払う必要がある

■ どんな場合が考えられるのか

　親事業者が、下請事業者の都合を考えずに、下請代金の支払いを怠るケースが多々あります。下請事業者は、製品を親事業者に納入したら、早く下請代金を支払ってほしいと考えます。しかし、親事業者が下請代金の支払いを遅延したとしても、立場の弱い下請事業者は親事業者の支払の遅延を認めるしかありません。このように下請事業者が不利益を被ることを防ぐために、親事業者による支払遅延が禁止されています。

■ 支払遅延の禁止とは

　親事業者は、下請事業者から製品などを受領した日から起算して60日以内に定める支払期日に下請代金を支払う必要があります。支払期日までに親事業者が下請事業者に代金を支払わなければ、下請事業者は資金繰りに窮してしまいます。そのため、親事業者による支払遅延は禁止されています。

■ 支払期日は60日以内とする

　下請代金の支払期日は、親事業者が下請事業者から製品などを受領した日から起算して60日以内とする必要があります。

　本来であれば、代金の支払期日は親事業者と下請事業者の合意によって自由に決めることができます。しかし、下請代金の支払期日を相当に遠い未来の日とするという親事業者の意向があった場合、立場の弱い下請事業者は、親事業者の意向を無視することはできません。そのため、下請代金の支払期日は、親

**合意で決めると
下請業者が不利になる**

遠い将来の日が下請代金の支払期日であるとされてしまうと、下請事業者の資金繰りに支障が出てしまう可能性がある。

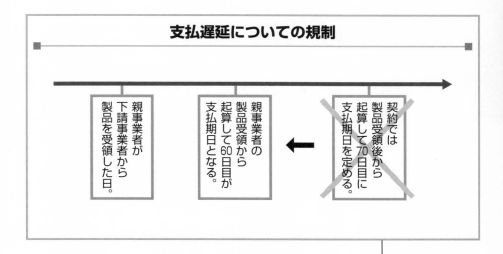

支払遅延についての規制

契約では製品受領後から起算して70日目に支払期日を定める。 ← 親事業者の製品受領から起算して60日目が支払期日となる。 親事業者が下請事業者から製品を受領した日。

事業者が下請事業者から製品などを受領した日から60日以内に設定する必要があります。もし親事業者と下請事業者との間で、製品などを受領した日から起算して60日を経過した以降の日を支払期日とするという合意がなされたとしても、支払期日は親事業者が製品などを受領した日から起算して60日目になります。

■ 60日以内に支払われない場合には

　親事業者が、下請事業者から製品などを受領した日から起算して60日以内に下請代金を支払わなければ、60日を経過した日から年14.6％の遅延利息が付されます。

　年14.6％の遅延利息がつく日と支払期日は別になります。たとえば、親事業者が下請事業者から製品などを受領した日から起算して40日目を下請代金の支払期日としたが、親事業者が下請代金の支払いを怠っている場合には、親事業者が下請事業者から製品などを受け取って40日を経過した時点で支払期日が過ぎるので支払遅延となり、60日を経過した時点で年14.6％の遅延利息が付されます。41日目から60日目の間は法定利率によって遅延利息が付されるのが原則です。

下請代金の減額

■ どんな場合を想定しているのか

　親事業者が発注時に合意した下請代金を減額することは、たとえ下請事業者の同意があったとしても禁止されています。

　発注時には必要だった製品が、時間の経過とともに不要になってしまうというケースがあります。しかし、親事業者の都合によって下請代金が減額されてしまうと、下請事業者は不利益を被ってしまいます。下請代金の減額に応じたくない場合であっても、下請事業者は親事業者と比べて弱い地位にあるので、親事業者からの要求を受け入れざるを得ません。そのため、下請法では親事業者が発注時に合意した下請代金の額を減額することが、原則として禁止されています。

■ 下請事業者の責に帰すべき場合とは

　親事業者は、「下請事業者の責に帰すべき理由」がある場合には、下請代金を減額することができるという例外があります。

　たとえば、下請事業者が製作した製品に欠陥があったり、決められた期日に製品が納入されなかったりした場合（納期遅れ）などは、下請事業者に「責に帰すべき事由」が認められ、親事業者は下請代金を減額することができます。このような場合には、下請事業者に落ち度があるのですから、下請代金を減額できずに親事業者が損害を被ってしまうのは不当だといえるからです。しかし、納期遅れであっても、親事業者からの原材料や部品などの支給の遅れや、親事業者による無理な納期指定が原因であるときは、下請事業者の「責に帰すべき事由」にあ

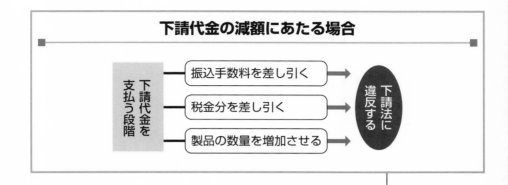

下請代金の減額にあたる場合

下請代金を支払う段階 →
- 振込手数料を差し引く →
- 税金分を差し引く →
- 製品の数量を増加させる →

→ 下請法に違反する

たらないので、下請代金の減額は許されません。

■ 代金の額を減ずるとは

　「代金の額を減ずる」とは、当初契約していた下請代金の支払額を減少させることになるすべての親事業者の行為をいいます。

　たとえば、下請事業者との合意がない状態で、下請事業者の口座に下請代金を支払う際に、振込手数料を差し引くことは下請代金の減額になります。また、消費税分を下請代金から差し引くことも、下請代金の減額になります。さらに、下請代金の支払総額を変更しない場合でも、下請業者に製作させる製品の数量を増加させることも下請代金の減額になります。下請代金を減額しない場合であっても、下請事業者が製作する数量が増加すれば、下請事業者の負担は増加するため、実質的に見れば下請代金の支払額が減少することになるからです。

■ 下請事業者の同意がある場合には減額ができるのか

　下請事業者の同意があったとしても、下請法上、下請代金の減額は許されません。下請代金を減額することができるのは、前述した「下請事業者の責に帰すべき理由」がある場合だけです。

　たとえば、親事業者が下請事業者に継続的に製品の製造を委託する関係にあり、親事業者と下請事業者との間の取引額に一

<aside>

下請代金の支払に際し端数が生じた場合

支払時点において、下請代金の額に円未満の端数があった場合、これを四捨五入または切捨ての方法により支払ったとしても、下請代金の額を減ずる行為とはみなされない。ただし、1円以上の単位で切り捨てる場合は、下請代金の減額として本法4条1項3号違反となる。

</aside>

定率を掛けた金額を下請事業者は親事業者に協賛金として支払う、という内容の契約を締結し、下請代金から協賛金が差し引かれていたとすると、それは下請代金の減額に該当します。下請事業者は協賛金を差し引くことについて同意していますが、下請事業者の同意とは関係なく親事業者による下請代金の減額は許されないことに注意が必要です。

ただし、ボリュームディスカウントなどの合理的な理由に基づく割戻金は、あらかじめ下請事業者との合意があり、その合意の内容が書面化されており、当該書面における記載と３条書面に記載されている下請代金の額と合わせて実際の下請代金の額とすることが合意されており、かつ、３条書面と割戻金の内容が記載されている書面との関連付けがなされている場合は、下請代金の減額にあたりません。前述の例では、親事業者が大量に製品の製造を委託することで、下請事業者が製品の製造コストを削減できるのであれば、下請事業者との間で合意し、この合意内容を書面化することで、コスト削減分を割戻金とすることが許されます。これにより、親事業者は下請代金から割戻金を相殺した残額を支払うことができるため、この場合は事実上の下請代金の減額が許されるといえます。

■ 下請法に違反する場合の効力

下請事業者の同意を得ず、親事業者が一方的に下請代金の減額を行った場合には、下請事業者は減額された分の下請代金を親事業者に対して請求することができます。親事業者が製品を受領した日から起算して60日を超えている場合には、下請事業者は年14.6％の遅延利息も請求できます。

一方、親事業者と下請事業者が合意をして下請代金を減額した場合、民法上は、下請代金の減額幅があまりに大きく、公序良俗に反する場合に限り、その合意が無効となって下請事業者の親事業者に対する減額分の支払請求が可能になると考えられ

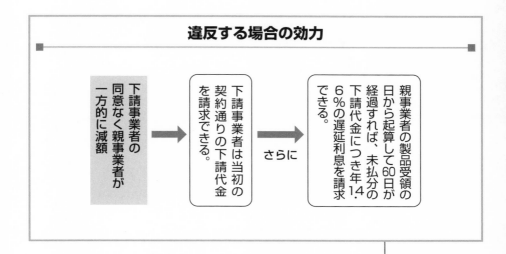

違反する場合の効力

下請事業者の同意なく親事業者が一方的に減額

→

下請事業者は当初の契約通りの下請代金を請求できる。

さらに

親事業者の製品受領の日から起算して60日が経過すれば、未払分の下請代金につき年14.6%の遅延利息を請求できる。

ます。しかし、下請事業者の帰責事由がある場合を除き、合意による下請代金の減額も下請法違反であって下請事業者の親事業者に対する減額分の支払請求が可能となるとともに、公正取引委員会の勧告の対象となります。よって、親事業者は合意の有無を問わず、下請代金の減額を行うべきではありません。

■ たとえばどんな場合があるのか

　下請代金の減額に該当するとして、下請法によって禁止される一例を紹介します。たとえば、下請事業者の要請によって、手形ではなく現金での支払いに移行した場合に、手形期間の金利相当分を超える金額を差し引くことは、下請法によって禁止される下請代金の減額に該当します。

　下請事業者に発注するにあたり、親事業者が子会社を介して下請業者に発注を行い、子会社を介していることの手数料を下請金額から差し引くことは、下請法によって禁止される下請代金の減額に該当します。親事業者が自社の利益を確保する必要性があることを理由として、下請事業者に支払う下請金額を減少させることは、下請法によって禁止されています。

返品の禁止

· ·

受領拒否とは異なっている

■ どんな場合を想定しているのか

　親事業者が、下請事業者から製品などの給付を受けた後に、下請事業者の責めに帰すべき理由（落ち度）がないにもかかわらず、その製品などを返品することは禁止されています。

　親事業者による下請事業者への返品が認められるのは、「下請事業者の責に帰すべき理由」がある場合のみです。

　下請事業者の責めに帰すべき理由がないにもかかわらず、親事業者が返品を行い、親事業者に未払いの下請代金がある場合には、下請事業者は未払いの下請代金を請求することができます。

■ 受領拒否の禁止とはどう違う

　返品の禁止は受領拒否の禁止は異なります。受領拒否の禁止とは、下請事業者から製品などの給付があった場合に、親事業者が給付を受け取らないことを禁止するものです。これに対して、返品の禁止とは、親事業者が下請事業者から製品などの給付を受けた後に、その製品などの下請事業者への返品を禁止することをいいます。

　下請事業者の責任で納品が遅れれば、納期に遅れたという下請事業者の責めに帰すべき事由を理由として、下請事業者からの製品などの受領を拒絶することは可能です（親事業者による無理な納期指定があった場合を除く）。しかし、下請事業者の責任で納期に遅れていたとしても、親事業者が下請事業者からの給付を受け取れば、親事業者は下請事業者の給付が納期に遅れていた事実を受け入れたことになります。その後に態度を翻

「下請事業者の責に帰すべき理由」がある場合とは

下請事業者の給付の内容が当初の契約書の中で明記された委託内容と異なる場合や、下請事業者が給付した製品などに欠陥がある場合である。このような事情があれば、下請事業者は当初の契約通りの履行をせず不良品を製造したことになり、下請事業者に契約上の責任を負わせるために返品をすることができる。

返品は認められない場合も多い

当初の委託内容が明確でなく、下請事業者の製作した製品などが委託内容に反するものであるかどうか明らかでない場合には、返品はできない。また、親事業者が恣意的に下請事業者の製作した製品の検査基準を厳しくして、欠陥があるまたは委託内容と異なるとして、下請事業者に落ち度があるとみなし、その製品を返品することはできない。

返品の禁止と受領拒否の禁止との違い

受領拒否の禁止

下請事業者

注文を受けて製作した製品をもってきました。

受け取りたくありません。

親事業者

返品の禁止

下請事業者

注文を受けて製作した製品は親事業者に引渡し済みです。

既に受け取っている製品を返します。

親事業者

し、納期に遅れたことを理由として、製品などを下請事業者に返品することはできません。

■ 受領後6か月以内なら返品可能なのか

親事業者が下請事業者から製品を受け取る際には検査を行うのが通常です。この検査で不適合（欠陥や数量不足など）を発見して不合格とした製品は、直ちに下請事業者へ返品する必要があります。検査によって製品の不適合を発見し、すぐに返品することが可能であれば、直ちに返品しないと、後から不適合を理由とする返品はできなくなります。

また、製品について直ちに発見することが難しい不適合があり、その不適合が後に発見された場合には返品が可能ですが、親事業者が下請事業者から製品を受領してから6か月経過したときは返品できなくなります。

さらに、検査を下請事業者に文書によって明確に委託している場合で、下請事業者の明らかな検査ミスにより合格扱いとなっていたときには返品が可能ですが、親事業者が製品を受け取ってから6か月経過したときは返品できなくなります。

検査を下請事業者に文書で委任していない場合

製品の不適合を理由とする6か月以内の返品は認められない。

買いたたき

· ·

不当に下請代金を低く抑えてはいけない

■ 買いたたきとは

買いたたきとは、親事業者が下請事業者に対して、通常の対価と比べて著しく低い価格で発注することをいいます。たとえば、原材料の価格が高騰したため、下請事業者が単価引上げを求めたにもかかわらず、一方的に単価を据え置くことは買いたたきに該当します。買いたたきの禁止は、親事業者が下請事業者よりも立場が強いことを利用して、不当に低い下請代金で下請事業者に発注することを防ぐための規定です。これに対して、下請代金の減額の禁止は、いったん決まった下請代金の減額を禁ずることです。

■ どのような基準で判断されるのか

買いたたきに該当するかどうかは、下請事業者に「通常支払われる対価」と比べて、親事業者が「著しく低い下請代金の額を不当に定め」ているかどうかで判断します。

下請事業者に「通常支払われる対価」とは、同種または類似の取引をする場合の一般的な取引価格のことをいいます。下請事業者が活動している取引地域や業種から、通常どれくらいの価格で取引が行われているかを判断します。

親事業者が「著しく低い下請代金の額を不当に定め」ているかどうかは、通常の対価とどれくらい差があるか、原材料の価格、親事業者と下請事業者が価格について十分な協議を行ったかといった事情を考慮して判断します。特に、親事業者と下請事業者が十分な協議を行っていたかどうかという点は重要です。

買いたたき

買いたたきは委託契約を締結する段階での問題、下請代金の減額は委託契約を締結した後の問題という点で、両者の禁止は異なる。

親事業者と下請事業者が十分な協議を行っていたかどうか

下請事業者は親事業者の意向に反しにくいという立場にいるので、下請事業者の申し出がなくても、下請事業者との協議の場を設けることは必要である。

買いたたきに該当するかどうか

（例）原材料の価格が高騰したため、下請事業者が単価引上げを
求めたにもかかわらず、一方的に単価を据え置く

下請事業者に 通常支払われる対価 と比べて、親事業者が
著しく低い下請代金の額を不当に定めているかどうか で判断

考慮される判断要素

・通常の対価とどれくらい差があるか
・原材料の価格、親事業者と下請事業者が価格について
　十分な協議を行ったか

■ 下請代金が著しく低い場合は

　買いたたきを行うと、公正取引委員会から勧告が行われます。
親事業者としては、下請事業者と十分な協議を行い、下請事業
者に不当な不利益を与えない価格設定をする必要があるといえ
ます。

■ 履行しない場合には債務不履行となるのか

　親事業者から下請代金を著しく安くするよう求められたとし
ても、個別の契約を締結していなければ、製品の製造などを行
う必要はありません。契約を締結していない以上、下請事業者
は何の債務も負っていないので、債務不履行にはなりません。
しかし、個別の契約を締結した場合には、その契約の締結に際
して親事業者による買いたたきがあったとしても、契約通りに
履行しなければ債務不履行責任を問われる可能性があります。

**買いたたきに
対しての対策**
弁護士や中小企業庁に
相談して対策を練るこ
とが必要である。

購入・役務の利用強制

無理やり購入や利用をさせてはいけない

■ どんな場合なのか

　親事業者が下請事業者に対して、正当な理由がないのに、親事業者の指定する商品を購入させ、または役務を利用させることは下請法によって禁止されています。

　親事業者は、下請事業者と比較して強い立場にあります。親事業者が商品の購入や役務の利用を下請事業者に強要すれば、下請事業者は親事業者に指定された商品を購入し、または役務を利用せざるを得ません。しかし、下請事業者からすれば、不要な商品の購入や役務の利用を余儀なくされたことになるので、無用な出費となってしまいます。そのため、親事業者が下請事業者に、自己の指定する商品を購入させ、または役務を利用させることは、原則として禁止されています。

■ 自己の指定する物や役務とは

　「自己（親事業者）の指定する物」は親事業者や親事業者の子会社が販売している物はもちろん、第三者が販売している物であっても親事業者が指定する物はすべて含まれます。物の種類も、動産・不動産を問わず、親事業者が指定した物であれば「自己の指定する物」にあたります。

　「自己（親事業者）の指定する役務」も同じように考えます。親事業者だけではなく、第三者が提供しているサービスであっても、親事業者が指定したサービスであれば「自己の指定する役務」にあたります。役務の内容も限定がなく、他人のために行うサービスなど一切のものが含まれています。

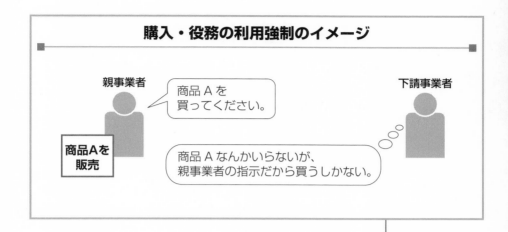

購入・役務の利用強制のイメージ

親事業者

商品Aを販売

商品Aを
買ってください。

下請事業者

商品Aなんかいらないが、
親事業者の指示だから買うしかない。

たとえば、親事業者が、取引価格への消費税率引上げ分の上乗せを受け入れる代わりとして、下請事業者に対し、①親事業者が指定するパソコンを購入させることは「自己の指定する物」の購入強制にあたり、②親事業者が指定するディナーショーに出席させることは「自己の指定する役務」の利用強制にあたります。

■ 強制して購入・利用させるとは

「強制して」物を購入させ役務を利用させるとは、下請事業者の自由な意思に反して物を購入させたり役務の提供を受けさせることです。たとえば、取引をする条件として物を購入させたり、物を購入しなければ取引を停止すると脅したりすることは「強制して」物を購入させることになります。また、親事業者の立場が強ければ、単に親事業者が下請事業者に物の購入を要求するだけでも、強制して物を購入させることになる場合もあります。

なお、正当な理由があれば、下請事業者に物を購入させ、または役務の提供を受けさせることは許されます。たとえば、製品の品質を維持するために、親事業者が下請事業者に特定の原材料を購入させる場合などが、正当な理由があるときに該当します。

利用強制に該当
しない例

放送局が放送番組の作成を番組制作会社に委託する際に、放送番組の質を確保するために、有償で放送局の指名するタレントを起用させることは、購入・利用強制にはあたらない。なお、有償で放送局の指名するタレントを起用させることが発注時には明確にされておらず、この費用を負担しない（または対価に反映させない）場合には、不当な給付内容の変更（または買いたたき）に該当するおそれがある。

有償支給原材料等の対価の早期決済の禁止

• •

下請事業者の資金繰りを苦しめてはいけない

■ 早期決済はなぜ禁止されるのか

　製品の製造の際に、下請事業者が親事業者に対価を支払って入手する原材料などを有償支給原材料等といいます。親事業者が下請事業者に有償で製品の原材料などを支給し、それをもとに下請事業者が製品を製造する場合に、下請事業者の責めに帰すべき事由がないのに、下請代金の支払期日より前に親事業者が原材料費などを下請事業者に支払わせることは、原則として禁止されています。

■ どのような行為が禁止されるのか

　通常は、下請事業者から親事業者への原材料費の支払い・精算については、親事業者から下請事業者に対して支払われる下請代金との相殺により行われます。そこで、有償支給原材料等の対価の早期決済の禁止との関係で、原材料費と下請代金との相殺が規制されるパターンについて説明します。

　たとえば、4月1日に親事業者と下請事業者が製品の製造委託契約を締結し（契約Aとします）、契約Aに基づき、親事業者が原材料を下請事業者に販売し、下請代金の支払期日は6月1日に設定したとします。その後、5月1日に親事業者と下請事業者の間で別の製品の製造委託契約を締結し（契約Bとします）、契約Bに基づき、親事業者が下請事業者に原材料を販売し、下請代金の支払期日は7月1日に設定したとします。

　このとき、契約Bに基づいて下請事業者が支払う原材料費を、契約Aに基づいて親事業者が6月1日に支払う下請代金から差

早期決済禁止の理由

早期に原材料費などの支払いを強要されると、下請事業者は支払いのために資金を融通しなければならず、その結果として資金繰りが苦しくなる場合があるため。

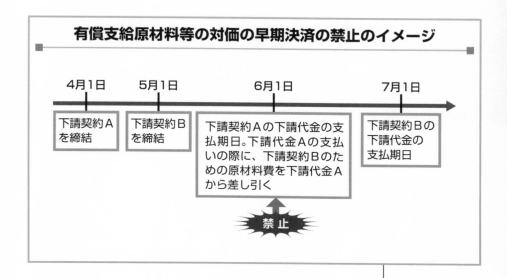

有償支給原材料等の対価の早期決済の禁止のイメージ

4月1日	5月1日	6月1日	7月1日
下請契約A を締結	下請契約B を締結	下請契約Aの下請代金の支払期日。下請代金Aの支払いの際に、下請契約Bのための原材料費を下請代金Aから差し引く	下請契約Bの 下請代金の 支払期日

禁止

し引くことはできません。契約Bの下請代金の支払期日（7月1日）が到来していないからです。これに対し、契約Aに基づいて下請事業者が支払う原材料費を、契約Aに基づいて親事業者が6月1日に支払う下請代金から差し引くことは許されます。契約Aの下請代金の支払期日（6月1日）が到来しているからです。

■ 下請事業者の責に帰すべき理由があれば別

　下請事業者の責めに帰すべき理由があれば、下請代金の支払期日前であっても、原材料費を下請事業者に支払う金銭の中から差し引くなどして、早期決済をすることができます。

　たとえば、下請事業者が、親事業者から支給された原材料を傷つけたり紛失したりしたために納入すべき物品の製造が不可能となった場合や、不良品を製造した場合には、下請事業者の責めに帰すべき理由があることになります。

　このような下請事業者の行為がなされると、取引の中での下請事業者を保護すべき程度が下がるので、親事業者による有償支給原材料等の対価の早期決済が許されます。

報復措置の禁止・割引困難な手形の交付の禁止

通報されても報復してはいけないことや手形での支払いの注意点をおさえる

■ 報復措置とは

　報復措置とは、親事業者が支払遅延や下請代金の減額など下請法上禁止されている行為を行い、そのことを下請事業者が公正取引委員会や中小企業庁に報告したことを理由に、親事業者が下請事業者に対して、取引数量の制限や取引停止などの不利益を与えることです。このような親事業者による下請事業者に対する報復措置（仕返し行為）は、下請法によって禁止されています。単に親事業者が下請事業者に対して不利益を与える行為は、下請法が禁止している報復措置には該当しません。

　ただし、報復措置に該当しないとしても、親事業者が下請事業者に不利益を与える行為は下請法によって規制されているものが多いので注意が必要です。たとえば、親事業者が注文した物品などの受領を拒むことは受領拒否として、親事業者が下請代金を60日以内の定められた支払期日までに支払わなかった場合には支払遅延として、親事業者が契約締結後にあらかじめ定めた下請代金を減らすことは下請代金の減額として、それぞれ下請法によって禁止されています。

■ 割引困難な手形を交付することを禁止する理由

　下請代金の支払いにつき、一般の金融機関による割引が困難な手形を交付して、下請事業者の利益を不当に害することは下請法によって禁止されています。親事業者が下請事業者に割引困難な手形を交付したことだけでなく、それにより下請事業者の利益が害されたときに、親事業者は下請法による規制を受け

報復措置に該当しない場合の注意点

親事業者の行為が他の下請法の規定に違反していないかを検討することが必要である。

割引

手数料を差し引いた金額で換金すること。

割引困難な手形による下請代金の支払い

手形の割引が困難な手形で下請代金を支払うと…

⇒ 下請事業者が支払期日に金銭を入手できず、下請事業者が不当な不利益を受ける可能性がある

割引困難な手形による下請代金の支払いは禁止されている

- 下請代金の支払手段についての見直し
  ⇒ 下請代金の支払に係る手形等のサイトについては、60日以内とすること
- 親事業者が下請事業者に割引困難な手形を交付し、下請事業者の利益が害されたとき
  ⇒ 親事業者は下請法による規制を受ける

ます。親事業者が、割引が困難な手形を用いて下請代金の支払いをすると、下請事業者が支払期日に金銭を入手できず、下請事業者が不利益を受ける可能性があります。そのため、割引困難な手形による下請代金の支払いは禁止されています。

手形が割引困難かどうかについて、平成28年12月に公正取引委員会と中小企業庁が発出した「下請代金の支払手段について」(旧通達) では、下請代金の支払に係る手形等のサイトについては、繊維業90日以内、その他の業種120日以内とすることは当然として、段階的に短縮に努めることとし、将来的には60日以内とするよう努めることとされていました。令和3年3月、旧通達が見直され、サイトについては60日以内とすることとされました。もっとも、新型コロナウイルス感染症による現下の経済状況を踏まえつつ、おおむね3年以内をめどとして、可能な限り速やかに実施すること、という留保がつけられています。

割引困難な手形の交付の禁止

手形割引をする際に、通常手形所有者が負担する以上の負担をして現金化した場合に問題になる。

なお、親事業者から交付された手形が支払期日までに金融機関により割り引かれなかった場合には代金の支払があったとはいえないので支払遅延の問題となり、「割引困難な手形の交付の禁止」は問題とならない。

不当な経済上の利益の提供要請の禁止

下請事業者に対し金銭の提供などをさせてはいけない

■ 不当な経済上の利益の提供要請とは何か

　親事業者が下請事業者に対して、販売協力金といった名目で金銭を提供させることは不当な経済上の利益の提供要請に該当します。金銭の提供ではないような場合、たとえば、下請事業者の従業員を親事業者のもとで働かせるようなケースなど、役務を提供させることも不当な経済上の利益の提供要請になります。

　下請法は、親事業者が自己のために、下請事業者に金銭や役務などの経済上の利益を提供させ、下請事業者の利益を不当に害することを禁止しています。

　親事業者が下請代金を減額することは、下請代金の減額の禁止として規制されています。これに対して、不当な経済上の利益の提供要請の禁止とは、親事業者と下請事業者との間で請負契約が締結されているかどうかは関係なく、親事業者が下請事業者に経済上の利益を提供させることを禁止することです。たとえば、親事業者が委託取引先の登録制を採用している場合に、登録をした下請事業者に対し、協定料などと称して現金の提供を要請することが禁止されます。

■ どんな要件があるのか

　親事業者が、自己のために下請事業者から経済上の利益を提供させ、下請事業者の利益を不当に害することが、下請法によって禁止されています。

　「自己のために」とは、親事業者に直接利益を提供させる場合はもちろん、親事業者の関連会社に利益を提供させることも

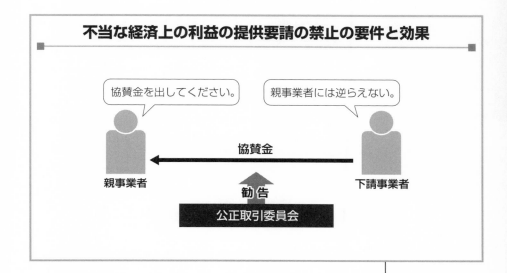

不当な経済上の利益の提供要請の禁止の要件と効果

協賛金を出してください。

親事業者には逆らえない。

協賛金

親事業者　←　下請事業者

勧　告

公正取引委員会

含まれます。

「経済上の利益」とは、その種類を問わず、下請代金とは別個の金銭や役務といった経済的利益を伴うすべてのものが含まれます。代表的なものは協賛金の支払いや従業員の派遣です。

「下請事業者の利益を不当に害する」とは、下請事業者にとって利益にならないことをいいます。通常は、下請事業者が親事業者に金銭等を提供しても、下請事業者の利益にはなりません。下請事業者が親事業者に金銭などを提供すれば、原則として下請事業者の利益を不当に害するものと判断されます。

■ どんな効果があるのか

不当な経済上の利益の提供要請の禁止に違反した場合には、公正取引委員会が下請事業者の利益を守るための勧告を行います。たとえば、親事業者に対して、下請事業者から提供された金銭などの返還が勧告されます。また、民法の不当利得の規定に基づき、下請事業者は、親事業者に対して提供した金銭などの返還を求めることができる可能性があります。

> **不当利得**
>
> 法律上の原因なく利益を受け、そのために他人に損失を及ぼした場合に、この利益を返還する義務を負うこと（民法703条）。

不当な給付内容の変更及び
不当なやり直しの禁止

· ·

やり直しを強要してはいけない

■ 不当な給付内容の変更とは

不当な給付内容の変更とは、親事業者が、当初に下請事業者と取り決めていた仕様を変更させることや、発注の全部または一部を取り消すことをいいます。

下請法は、下請事業者に責任がないにもかかわらず、親事業者が自ら費用を負担することなく、下請事業者の給付の内容を変更させることで、下請事業者の利益を不当に害することを禁止しています。契約後に仕様の変更や発注の取消しがなされてしまうと、製品の製造工程を変更するなど、下請事業者は余分な作業を行うことを強いられます。そのため、親事業者による不当な給付内容の変更が禁止されています。

「給付の内容の変更」とは、親事業者が、当初下請事業者と取り決めていた仕様を変更し、または発注の全部または一部を取り消して、当初予定していなかった作業を下請事業者に強いることです。

ただし、「下請事業者の責に帰すべき理由」があれば給付の内容の変更が許されます。

「下請事業者の利益を不当に害する」という事情がなければ、仕様の変更や発注の取消しは許されます。

■ 不当なやり直しとは

不当なやり直しとは、親事業者が下請事業者から製品などを受領した後に、当初の請負契約の内容にはない作業を、下請事業者に追加で行わせることをいいます。不当な給付内容の変更

不当な給付内容の変更の例

たとえば、契約当初に決められた製品の発注数を減らして（発注の一部の取消し）下請代金の額を減らすことが、不当な給付内容の変更に該当する。

下請事業者の責に帰すべき理由

下請事業者の要請により仕様を変更する場合や、下請事業者の製作した製品が当初の契約内容と異なっていたり、製品に欠陥がある場合のことをいう。

不当な給付内容の変更と不当なやり直し

1 不当な給付内容の変更 ⇒下請事業者からの給付の受領前の問題

2 不当なやり直し ⇒下請事業者からの給付を受領した後の問題

↓ 違反すると

● 公正取引委員会により下請事業者が負担した費用を親事業者が
　支払うように勧告される

● 親事業者が当初の契約内容を一方的に変更すると、下請事業者
　に対して損害賠償責任を負うこともある

は、下請事業者からの給付の受領前の問題であるのに対して、不当なやり直しは、下請事業者からの給付を受領した後の問題になります。親事業者が下請事業者に対して、自ら費用を負担せずにやり直しを命じることは、下請事業者に余分な作業を強いるので、原則として禁止されています。

■ どんな要件があるのか

「下請事業者の責に帰すべき理由」がある場合や、「下請事業者の利益を不当に害する」という事情がなければ、親事業者がやり直しを命じることが許されるのは、給付内容の変更の場合と同様です。また、「やり直し」とは、当初の予定にない作業を下請事業者に行わせることを意味します。

なお、不当な給付内容の変更や不当なやり直しの禁止に違反すると、下請事業者の利益を守るために公正取引委員会から勧告が行われます。具体的には、下請事業者が負担した費用を親事業者が支払うといった勧告が行われます。また、親事業者が当初の契約内容を一方的に変更すると、下請事業者に対して損害賠償責任を負う可能性があります。

> **仕様の変更や発注の取消しが許される場合の例**
>
> たとえば、仕様変更に伴う費用を親事業者が負担するのであれば、下請事業者は不利益を受けることがないので、給付内容の変更が可能である。

下請法の適用がない建設業

独占禁止法と建設業法が適用される

■ どんな法律が適用されるのか

建設業者が下請を行ったとしても下請法は適用されません。建設業者が下請を行った場合には建設業法と独占禁止法が適用されます。建設業に関する取引は建設業法で細かく規制されているので、建設工事の下請取引については下請法ではなく建設業法の適用を受けることになります。建設業者が建設業法に違反する行為を行い、その行為が独占禁止法の不公正な取引方法に該当する場合には、国土交通大臣や都道府県知事は公正取引委員会に対して必要な措置を講じるよう求めることができます。この要求を受けた公正取引委員会は、不公正な取引方法に該当する行為を行っている建設業者に対して、違反行為の差止などを命令します。

■ 下請契約とは

下請契約は、建設業法で「建設工事を他の者から請け負った建設業を営む者と、他の建設業を営む者との間で当該建設工事の全部または一部について締結される請負契約をいう」と定義されています。この定義にある「建設工事を他の者から請け負った建設業を営む者」を元請負人、「他の建設業を営む者」を下請負人といいます。最初に発注者から工事を請け負った者が、元請負人として発注者と交わす契約を請負契約といいます。その後、元請負人が発注者として、一部の工事を下請に出す場合に、一次下請負人とする請負契約を下請契約といいます。

また、一次下請負人が元請負人として二次下請負人と交わす

建設業に該当する場合

建設業は建設工事の完成に対して対価が支払われる請負業である。建設業では、元請・下請といった言葉がよく使われることからもわかるように、1つの仕事について複数の事業者が関わって行う形態が多いが、元請であるか下請であるかは関係なく、建設工事に関わるこれらのすべてが「建設業」に該当する。

下請取引に関する不公正な取引方法の認定基準

1 下請負人が工事を完了してから正当な理由なしに20日以内に検査を完了しないこと。

2 ①の検査によって建設工事の完成を確認した後、下請負人の申し出があったのに、正当な理由なしに直ちに当該建設工事の目的物の引渡しを受けないこと。

3 注文者から請負代金の支払いを受けたときに、正当な理由なしに注文者から支払を受けた日から起算して1か月以内に、下請負人に下請代金を支払わないこと。

4 特定建設業者（規模の大きな工事を下請負人に発注できる建設業者）が注文者となった下請契約における下請代金を、②の目的物の引渡しの申し出の日から50日以内に支払わないこと。

5 特定建設業者が注文者となった下請契約に係る下請代金の支払につき、②の目的物の引渡しの申し出の日から起算して50日以内に、一般の金融機関による割引を受けることが困難な手形を交付し、下請負人の利益を不当に害すること。

6 自己の取引上の地位を利用して、通常必要と認められる原価に満たない金額を請負代金の額とする下請契約を締結すること。

7 下請契約の締結後、正当な理由がないにもかかわらず、下請代金の額を減額すること。

8 下請契約の締結後、自己の取引上の地位を不当に利用して、建設工事に使用する資材や機械器具またはそれらの購入先を指定し、これを下請負人に購入させ、下請負人の利益を害すること。

9 建設工事に必要な資材を購入させた場合に、正当な理由もないのに下請代金の支払期日より早い時期に当該資材の対価を支払わせ、下請負人の利益を不当に害すること。

10 元請負人が①から⑨までに掲げる行為をした場合に、下請負人がその事実を公正取引委員会などに知らせたことを理由として、下請負人に対し不利益な取扱いをすること。

契約も同様です。つまり、下請契約とは建設業を営む者同士の請負契約のことです。また、元請負人として、下請契約を締結するには、元請負人は建設業法の許可を受けなければなりません。

■ 下請や一人親方を使うときの注意点

　下請契約をする場合は、請け負った工事のすべてを下請にさせること（丸投げ）は禁止されています。また、工事金額についても注意が必要です。1件の請負代金が500万円以上の建築一式工事以外の工事を行う場合、建設業法上の許可がなければ工事を請け負うことができないため、許可を持っていない一人親方に発注することが難しいケースも生じます。

■ 建設業法に違反するとどうなるのか

　建設業者が、建設業法及び他の法令に違反する行為等の不正行為を行った場合、監督官庁により建設業法上の監督処分が行われます。監督処分とは、不適正な者の是正を行い、または不適格者を建設業者から排除することを目的として、行政上直接に法の遵守を図る行政処分です。建設業者に対する建設業法上の監督処分には、①指示処分、②営業停止処分、③許可の取消処分の3種類があります。

　指示処分とは、監督官庁が建設業者に不正行為を是正するためにしなければならないことを命ずるものです。指示処分に従わないと営業停止処分になります。営業停止期間は1年以内で監督官庁が決定します。不正行為が故意または重過失による場合には、指示処分を経ずに、直ちに営業停止処分が行われることがあります。営業停止処分に従わない場合は、建設業の許可取消の処分になります。不正行為に関する建設業者の情状が特に重いと判断された場合は、指示処分や営業停止処分を経ずに、直ちに許可の取消処分が行われることがあります。

下請契約について

下請契約とは建設業を営む者同士の請負契約

請け負った工事のすべてを下請にさせること（丸投げ）は禁止

建設業法に違反した場合

監督省庁による監督処分を受ける

建設業者に対する建設業法上の監督処分

① 指示処分（監督官庁が建設業者に不正行為を是正するために
しなければならないことを命ずる）
② 営業停止処分（1年以内で監督官庁が決定）
③ 許可の取消処分（営業停止処分に従わない場合）

■ 指名停止措置や公正取引委員会の処分

　指名停止措置とは、発注者が、競争入札参加資格登録をして
いる業者に対し、契約の相手方として不適当であると判断した
場合、一定期間、競争入札に参加させない措置です。不適当な
相手であるかどうかは、発注者が独自に要領や運用基準を定め
て、それに従って判断しています。建設業法違反もそこに含ま
れる場合があります。

　また、①不当に低い請負代金の禁止、②不当な使用資材等の
購入強制の禁止、③下請代金の支払、④検査及び引渡し、⑤特
定建設業者の手形による下請代金の支払、⑥特定建設業者の下
請代金の支払期日、に関する建設業法の規定に違反する場合、
建設業者は、独占禁止法上の措置を受けることがあります。

■ 下請取引に関する不公正な取引方法の認定基準がある

　公正取引委員会は、建設業の元請負人の行為が不公正な取引
方法であると認定するための基準を規定しています（213ペー
ジの図の①〜⑩参照）。

一括下請負の禁止

発注者の信頼を裏切り、業界の健全な発展を阻害する

■ 一括下請負の禁止とは

　建設業法では、請け負った建設工事を、いかなる方法をもってするかを問わず、一括して他人に請け負わせてはならないと規定しています。一括下請負が行われると、発注者の受注者への信用を意味のないものにするおそれが生じるからです。建設工事の発注者が受注者となる建設業者を選定する場合は、さまざまな角度から当該建設業者を評価します。それにもかかわらず、受注した建設工事を一括して他人（下請業者）に請け負わせると、発注者の評価が意味のないものになってしまい、発注者は何を信用してよいのかがわからなくなるということです。

　一括下請負に該当するのは、①請け負った建設工事の全部またはその主たる部分を、一括して他の業者に請け負わせる場合、または、②請け負った建設工事の一部分であって、他の部分から独立してその機能を発揮する工作物の工事を、一括して他の業者に請け負わせる場合です。ただし、これらの場合に該当しても、元請負人がその下請工事の施工に「実質的に関与」していると認められるときは、一括下請負に該当しないとされています。

■「実質的に関与」とはどんな場合か

　一般的に、元請負人が自ら施工計画の作成、工程管理、品質管理、安全管理、技術的指導などを行っていれば、下請工事の施工に「実質的に関与」しているものと認められ、一括下請負の禁止に違反しないと判断されます。しかし、単に現場に技術

一括下請負の禁止

発注者が建設工事の請負契約を締結する際に建設業者に寄せた信頼を裏切ることになること等から、建設業法22条で禁止されている。

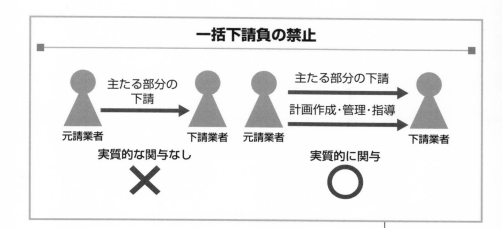

一括下請負の禁止

主たる部分の下請

元請業者 → 下請業者

実質的な関与なし

×

主たる部分の下請

計画作成・管理・指導

元請業者 → 下請業者

実質的に関与

○

者（現場に置くことが義務づけられている建設工事の施行上の管理をつかさどる監理技術者または主任技術者）を置いているだけでは、「実質的に関与」しているとはいえません。また、現場に元請負人との間に直接的かつ恒常的な雇用関係を有する適格な技術者を置かない場合も、「実質的に関与」しているとはいえないことに注意を要します。

■ 一括下請負の禁止にも例外がある

　一括下請負は禁止とされていますが、一括下請負が許されている場合もあります。「公共工事の入札及び契約の適正化の促進に関する法律」の適用対象となる公共工事は例外なく禁止ですが、民間工事については許されている場合があります。

　具体的には、一括下請負を行う前に、発注者から書面による承諾を得た場合です（その場合でも、共同住宅の新築工事については禁止です）。元請人は発注者から承諾を得ていれば一括下請負ができます。

　この場合の発注者とは、建設工事の最初の注文者です。下請負人が請け負った工事について一括して再下請負で行う場合も、発注者の書面による承諾を受けなければなりません。

ガイドラインの規定

請負代金を不当に低くしてはいけない

■ ガイドラインには12項目の規定がある

建設業法令遵守ガイドラインには、12項目が規定されています。規定されている内容について見ていきましょう。

① 見積条件の提示等

元請負人が下請負人に見積りを依頼する場合には、工事の名称、施工場所、設計図書、下請工事の責任施工範囲、下請工事の工程、施工環境などの事項を、工事の内容として下請負人に提示する必要があります。

また、地盤沈下など工期や代金額に影響を及ぼす事象については必要な情報提供をしなければなりません。

② 書面による契約締結

建設工事の請負契約を締結する当事者は、契約の内容を記載した書面を作成する必要があります。後の紛争発生を防ぐため、契約書面は工事の着工前に作成しなければなりません。なお、書面に代えて電子契約によることも可能です。

この書面には、工事内容、請負代金の額、工事着工の時期・工事完成の時期、請負代金の支払方法、工事の施工により第三者に損害を与えた場合の賠償金の負担、工事完成後の検査の時期などについて記載する必要があります。

③ 工期

通常必要と認められる期間に比して著しく短い工期とすることは建設業法に違反します。契約締結後、著しく短い工期に契約を変更する場合も同様です。

下請負人の責めに帰すべき理由がないにもかかわらず、工期

見積もり依頼の注意点

これらの事項は、口頭ではなく書面を提示すべきであるとされている。

契約の内容を記載した書面

建設工事標準下請契約約款またはこれに準拠した契約書。

電子契約

電子署名等を付した電子ファイル。

建設業における働き方改革からの注意点

適正な工期の確保が必要。通常よりも著しく短い期間を工期とする請負契約を締結することは、著しく短い工期を禁する建設業法の規定に違反する。

建設業法令遵守ガイドラインのまとめ

① 見積条件の提示等 元請負人は、下請負人に見積もりを依頼する場合には、工事の内容や契約条件を具体的に示さなければならない

② 書面による契約締結 契約当事者が契約の内容を記載した書面を作成

③ 工 期 適正な工期を確保するとともに、下請負人の責に帰すべき理由がないにもかかわらず、工期の変更に起因する下請工事の費用が増加した場合は、元請負人が費用を負担する必要がある

④ 不当に低い請負代金 不当に低い請負代金による請負契約締結の禁止

⑤ 指値発注 元請負人が下請負人と十分な協議をせず、元請負人が指定する価格で下請負人に対して請負工事を受注するよう強いること

⑥ 不当な使用資材等の購入強制 元請負人が下請負人に対して資材や機械器具などの購入を強制すること

⑦ やり直し工事 下請負人の責に帰すべき理由がないにもかかわらず、元請負人が下請負人に対して工事のやり直しを命じること

⑧ 赤伝処理 元請負人が下請代金を支払う際に、振込手数料や建設廃棄物の処理費用などの諸費用を下請代金から差し引くこと

⑨ 下請代金の支払い 下請負人が工事を完成し、目的物を元請負人に引き渡したにもかかわらず、元請負人が長期間に渡って下請代金を支払わないこと

⑩ 長期手形 元請負人が下請負人に対して、割引が困難な手形を用いて下請代金の支払いをすること

⑪ 不利益取扱いの禁止 下請負人が元請負人の建設業法違反行為を監督行政庁に通報したことを理由に不利益な取扱いをすることは禁止される

⑫ 帳簿の備付け及び保存 建設業者は、営業所ごとに営業に関する帳簿を備えて、5年間保存する必要がある

が変更になって、これに起因する下請工事の費用が増加した場合は、元請負人が費用を負担することが必要です。

④ 不当に低い請負代金

　元請負人は、自らの地位を不当に利用して、建設工事の施工に通常必要な原価に満たない程の金額で、下請負人と請負契約を締

結することは、不当に低い請負代金を禁ずる建設業法に違反します。「通常必要な原価」とは、当該工事の施工地域において、当該工事を行う際に一般的に必要と認められる直接工事費、間接工事費（現場管理費など）、一般管理費（給料など）を合計した価格を指します。また、「自らの地位を不当に利用」とは、元請負人が下請負人よりも優位な地位にあることを利用することをいいます。

⑤　指値発注

　指値発注とは、元請負人が下請負人と十分な協議をせず、元請負人が指定する価格で下請負人に対して請負工事を受注するよう強いることです。指値発注は、元請負人の立場が強く、下請負人が元請負人の指定する金額に対して反論できない場合に問題になります。元請負人の指定する金額が、工事に通常必要な原価に満たない場合には、建設業法違反となる可能性があります。また、指値発注をする際に、下請負人に十分な見積期間を与えなければ、建設業法に違反する可能性があります。

⑥　不当な使用資材等の購入強制

　建設工事を行う際に、下請負人が元請負人から、建設工事に必要な資材や機械器具などを購入するケースがあります。下請負人が自発的に元請負人から購入する場合は別として、元請負人が下請負人に対して資材や機械器具などの購入を強制することは、建設業法が禁止する不当な使用資材等の購入強制に該当します。ただし、購入先の指定は、請負契約の締結前に行われるのであれば、不当な使用資材等の購入強制に該当しません。

⑦　やり直し工事

　下請負人の責に帰すべき理由がないにもかかわらず、元請負人が下請負人に対して工事のやり直しを命じることは、原則として禁止されています。元請負人が、下請負人の責に帰すべき理由がないにもかかわらず工事のやり直しを求める場合には、元請負人と下請負人との間で十分に協議をすることが必要です。また、下請負人の責に帰すべき理由がなければ、やり直し工事の費用は元請負

人が負担しなければなりません。逆に、下請負人の責に帰すべき理由があれば、下請負人が費用を負担してやり直し工事を行います。

⑧　赤伝処理

　赤伝処理とは、元請負人が下請負人に対して下請代金を支払う際に、振込手数料や建設廃棄物の処理費用などの諸費用を下請代金から差し引くことです。赤伝処理は、直ちに建設業法に違反するものではありません。しかし、赤伝処理をすることについて元請負人と下請負人の間で合意をしていない場合や、赤伝処理の内容を契約書の中で明示していない場合には、建設業法に違反する可能性があります。

⑨　下請代金の支払

　下請負人が工事を完成し、目的物を元請負人に引き渡したにもかかわらず、元請負人が長期間に渡って下請代金を支払わないことは、建設業法に違反する可能性があります。また、下請代金の支払手段はできる限り現金払いとし、少なくとも労務費相当分は現金払いとするよう配慮しなければなりません。

⑩　長期手形

　元請負人が下請負人に対して、割引が困難な手形を用いて下請代金の支払いをすることは、建設業法に違反します。

　たとえば、振出日から支払期日までの期間が120日以上を超えている手形は、割引困難な手形とされる可能性があります。

⑪　不利益取扱いの禁止

　下請負人が元請負人の建設業法違反行為を監督行政庁に通報したことを理由に不利益な取扱いをすることは禁止されます。

⑫　帳簿の備付及び保存

　建設業者は、営業所ごとに営業に関する帳簿を備えて、5年間保存する必要があります。その帳簿には、営業所の代表者の名前、注文者と締結した請負契約の内容、下請負人と締結した下請契約の内容といった事柄を記載し、契約書の写しなどを添付する必要があります。

独占禁止法の優越的地位の濫用との関係

下請法は、独占禁止法を補完している

■ 独占禁止法とはどのような関係にあるのか

下請法は、親事業者が規模の小さな下請事業者と取引をする際に、一般的には弱い立場にある下請事業者を保護するため、親事業者の義務や禁止行為を定めた法律です。不当な返品や買いたたきなどは、親事業者の優越的地位を利用した不公正な取引として、独占禁止法においても規制の対象となります。しかし、独占禁止法によると、こうした「下請いじめ」が不公正な取引として認められるには、公正取引委員会の審査手続きによって個別の認定が必要になります。審査手続きによる解決には時間がかかり、手遅れになることもあります。また、親事業者と下請事業者の継続的な取引関係のマイナス要因となる場合もあります。親事業者との継続的な取引を悪化させることを心配するため、下請事業者が、親事業者の違反行為をあえて公正取引委員会や中小企業庁などに申告することは期待できないのが実情です。

そこで、スピーディかつ効果的に下請取引の公正化と下請事業者の保護を図るため、独占禁止法による優越的地位の濫用に関する規制を補完するものとして、1956年に制定されたのが下請法（下請代金支払遅延等防止法）です。適用対象の明確化や違反行為の内容・排除措置の内容の具体化によって、独占禁止法に比べて、手続が簡易になっており、迅速な対応が可能になっています。

■ どんな場合なのか

優越的地位の濫用に対しては、独占禁止法が適用されるのか、

独占禁止法による
優越的地位の濫用

68ページ参照。

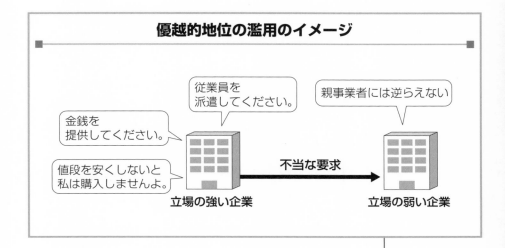

優越的地位の濫用のイメージ

金銭を
提供してください。

従業員を
派遣してください。

親事業者には逆らえない

値段を安くしないと
私は購入しませんよ。

不当な要求

立場の強い企業

立場の弱い企業

下請法が適用されるのかという問題があります。この場合、下請法違反行為については、基本的には、独占禁止法の特別法である下請法が優先的に適用されると考えるのが順当だといえるでしょう。

独占禁止法違反行為に対する排除措置命令は違反行為の差止めなどが中心となっているのに対し、下請法における勧告では、下請事業者の受けた不利益の速やかな回復（原状回復措置をとること）が主な内容となっています。そして、下請法では、親事業者が下請法に基づく勧告に従った場合には、独占禁止法に基づく排除措置命令や課徴金納付命令に関する規定は適用されないことが定められています。勧告に従ったのであれば、独占禁止法上の措置をとる必要がないからです。

ただし、親事業者の優越的地位の濫用に対して、下請法を適用するのか、独占禁止法を適用するのかは、最終的には、公正取引委員会の裁量ということになっています。

親事業者が下請法に基づく勧告に従わなかった場合について、下請法では、罰則などのペナルティを科すという内容の規定が設けられていません。したがって、親事業者に対して、勧告に

基づく原状回復措置をとることを強制するのは難しいといえます。

　しかし、下請法は、弱い立場の下請事業者を保護することこそが、制定の趣旨ですから、ただ黙って手をこまねいているわけではありません。親事業者が勧告に従わないときは、公正取引委員会の自らの裁量によって、独占禁止法に基づく排除措置命令や課徴金納付命令が発令されることになると考えられます。

■ 課徴金の導入について

　平成21年の独占禁止法の改正により、優越的地位の濫用についても、独占禁止法における課徴金制度の対象とされています。優越的地位の濫用に該当するものとして、独占禁止法では、購入・利用の強制、経済上の利益の提供の強制、受領の拒否、返品の強制、支払遅延、取引対価の減額の強制、不当な取引条件の設定・変更などが規定されています。これらは、下請法において親事業者の禁止行為として規定されているものです（180ページ）。そして、親事業者による優越的地位の濫用に対して課徴金納付命令が発令されるときは、親事業者と下請事業者の取引による売上高の１％が課徴金として科せられます。独占禁止法２条９項に規定される「不公正な取引方法」の５類型（課徴金の対象となる類型）として、①不当廉売、②共同の取引拒絶、③差別対価、④再販売価格の拘束、⑤優越的地位の濫用が規定されています。これら５類型については、①〜④の類型が繰り返し行う場合にのみ課徴金の対象としているのに対し、⑤の類型は継続的に行うものに限定されるものの、一度の違反でも課徴金の対象となるという違いがあります。①〜④の類型は違反行為による弊害が大きな場合には私的独占にも該当する可能性が高いため、基本的には私的独占による課徴金の対象とすれば足りるとされる一方、⑤の類型は、独占禁止法に定める私的独占には該当することがないため、⑤の類型のみ繰り返しを不要としたと言われています。

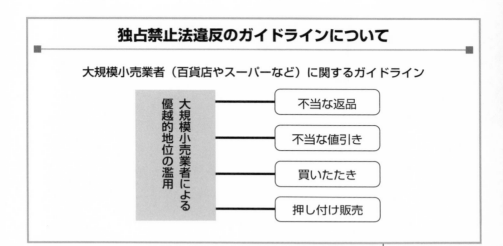

独占禁止法違反のガイドラインについて

大規模小売業者（百貨店やスーパーなど）に関するガイドライン

大規模小売業者による優越的地位の濫用

- 不当な返品
- 不当な値引き
- 買いたたき
- 押し付け販売

■ ガイドラインとの関係について

　公正取引委員会は、どのような行為が独占禁止法に違反するのかをわかりやすく具体的に示し、違反行為を未然に防止するためのさまざまなガイドラインを設けています。

　たとえば、「大規模小売業者による納入業者との取引における特定の不公正な取引方法の運用基準」では、大規模小売業者（百貨店・スーパーの他、ホームセンター・衣料や家電などの専門量販店・ドラッグストアやコンビニエンスストアの本部など）による、そのバイイングパワー（強力な販売力を背景にした購買力）を利用した優越的地位の濫用行為を、効果的に規制するための運用基準が策定されています。その中で、不当な返品・不当な値引き・不当な委託販売取引・特売商品などの買いたたき・特別注文品の受領拒否・押し付け販売・納入業者の従業員などの不当使用などについて、実態に即した具体的で事細かな基準を提示しています。

　ガイドラインは、多数の違反行為の類型を取り上げていますので、下請法の違反行為の類型に当てはまらない場合などに、その考え方は大変参考になるといえます。

ガイドラインとは
妥当と考えられる基準をとりまとめた指針のこと。

下請についてのトラブル救済機関

まずは行政機関等に相談をする

「勧告」について

これに従わないことに対する罰則はないが、単に注意をするという意味合いだけではなく、法的措置としての事実上の拘束力があると考えられる。

下請法違反行為を自発的に申し出た親事業者の取扱い

平成20年12月17日に公正取引委員会が公表した「下請法違反行為を自発的に申し出た親事業者の取扱いについて」によると、親事業者が下請法違反行為をした場合でも、次のような条件を満たす申告を行えば、公正取引委員会は勧告をしないとしている。
① 公正取引委員会が当該違反行為に係る調査に着手する前に、当該違反行為を自発的に申し出ている。
② 当該違反行為を既に取りやめている。
③ 当該違反行為によって下請事業者に与えた不利益を回復するために必要な措置を既に講じている。
④ 当該違反行為を今後行わないための再発防止策を講じることとしている。
⑤ 当該違反行為について公正取引委員会が行う調査及び指導に全面的に協力している。

■ 違反した場合の措置とは

下請法では、親事業者に対し、発注書面の交付を含む4つの義務と、受領拒否や下請代金の支払遅延、返品、買いたたきを含む11の禁止事項を定めています。

このうち、発注書面の交付義務や書類の作成・保存義務に違反した場合には50万円以下の罰金が科せられます。また、禁止事項に違反していると認められる親事業者は、中小企業庁長官から規定に従って適当な措置をとるよう請求されたり、公正取引委員会からの勧告を受けることがあります。さらに、公正取引委員会は、必要に応じて親事業者や下請事業者に製造委託等に関する取引についての報告をさせたり、立入検査をすることができますが、その報告をしなかったり、虚偽の報告をする、あるいは検査を拒否するなどの行為をした場合には、50万円以下の罰金が科せられます。

■ 勧告について

公正取引委員会は、親事業者が下請法に定められた禁止行為をしていると判断した場合、禁止行為の差止めや原状回復などの方法によって、「その状態を是正せよ」もしくは「再発を防止せよ」などといった内容の勧告をします。

勧告を受けると、業者名や違反内容、勧告内容がインターネット上などで公表されます。また、勧告を受けた親事業者は、改善報告書（もしくは計画書）の提出を求められます。そして、勧告に従わない場合は、独占禁止法に基づく排除措置命令や課

紛争解決のための主なADR機関

● 公的機関（公正取引委員会、裁判所）
● 民間機関（ADR・裁判外紛争解決手続）

（公財）全国中小企業振興機関協会（「下請かけこみ寺」）
相談員や弁護士が下請業者からの相談を受け付けている。裁判外紛争解決手続（ADR）により、問題解決を図ることができる。

日本弁護士連合会（「ひまわり中小企業センター」）
中小企業向け相談窓口。全国共通の専用ダイヤルに電話すると、各地の弁護士会に接続される。各弁護士会にも「紛争解決センター」が設置されている。

徴金納付命令が行われる可能性があります。

■ どんな方法が考えられるのか

下請契約に関してのトラブルの場合、親事業者と下請事業者という立場の違いから対等な話し合いができないのが実情です。このため、全国の公正取引委員会事務所には、下請事業者向けの通報・相談窓口が設けられています。下請事業者からの相談を受け、親事業者が下請法に違反する行為をしている可能性があると判断される場合、公正取引委員会は書面調査や立入検査などを行い、必要に応じて勧告などの措置をとります。一方、行政機関の介入によって違反行為が改善されたとしても、それだけでは問題がおさまらないときもあります。たとえば、親事業者の違法行為によって、下請事業者が多大な損害を被っていたような場合です。下請法の違反行為に対して行政機関が指導するのは、下請法の規定の遵守だけで、その損害を補てんするよう親事業者に指示をするといったことは行いません。

したがって、このような場合には弁護士などに相談をして損害を賠償するよう交渉を行い、場合によっては調停、訴訟提起などの手続をとることが必要になります。

その他のトラブル解決機関
下請業者が抱える下請トラブルの解決機関としては、公正取引委員会や裁判所といった公的機関の他に、（公財）全国中小企業振興機関協会や日本弁護士連合会といった民間の機関が挙げられる（上図参照）。

下請契約書の作成

トラブル防止のためには必要

■ どんな規制があるのか

下請事業者が親事業者から依頼を受けて作業する際、「とりあえず始めておいてくれ」「○○円ぐらいの金額でやってほしい」などあいまいな指示が出されたとしても、下請事業者は立場上、「先に金額の提示をしてくれ」「具体的な指示をしてくれ」といった要求を出しにくいのが実情です。しかし、そのまま作業を進めてしまうと、簡単にキャンセルされる、予定より安い価格で買いたたかれる、といった事態が生じる可能性があります。このような状況について、下請法が適用される場合には、下請契約を締結する際に、親事業者から下請事業者に対して発注書面（３条書面）を交付することが義務付けられます。

発注書面の様式については、具体的な規定はなく、親事業者が自由に定めることができます。ただし、発注書面に記載すべき内容は、下請法３条で次ページの図のように定められています。

■ 記載事項や交付時期について

公正取引委員会の規則で規定されている発注書面の記載事項には、以下のようなものがあります。

① 親事業者及び下請事業者の商号・名称

② 製造委託等（製造委託・修理委託・情報成果物作成委託・役務提供委託）をした日

③ 下請事業者の給付（または役務の提供）の内容

④ 下請事業者の給付を受領する（または下請事業者が役務を提供する）期日・場所

発注書面の内容

詳細は公正取引委員会が定める規則（下請代金支払遅延等防止法第３条の書面の記載事項等に関する規則）が定めている。書面に代えて電磁的記録（PDFなどの電子データ）での提供も認められるが、事前にどのような形で発注を行うかを下請事業者に提示し、書面などでその承諾を得ることが必要とされている。

発注書面の記載事項

親事業者は、下請事業者に発注をした段階で、直ちにこれらの内容を記載した発注書面を交付しなければならない。ただし、発注の段階で内容が決められないことに正当な理由がある場合には、決まっていない部分を記載せずに発注書面の交付ができる。記載しなかった事項については、その内容が決まった時点で、直ちに当該事項を記載した補充書面を作成・交付しなければならない。

発注書面に記載すべき内容

> ① 下請事業者の給付の内容　　② 下請代金の金額
> ③ 支払期日及び支払方法　　④ その他の事項

書面に代えて電磁的記録（PDF などの電子データ）での提供も
できるが、事前にどんな形で発注を行うかを下請事業者に提示し、
書面などで承諾を得ることが必要

⑤　下請事業者の給付の内容について検査をする場合は、その
　　検査を完了する期日

⑥　下請代金の金額・支払期日

⑦　下請代金の全部または一部の支払につき手形を交付する場
　　合は、その手形の金額及び満期

⑧　下請代金の全部または一部を一括決済方式で支払う場合は、
　　当該金融機関の名称、当該金融機関から貸付けまたは支払を
　　受けることができる額、親事業者が下請代金の額に相当する
　　金銭を当該金融機関に支払う期日

⑨　下請代金の全部または一部を電子記録債権で支払う場合は、
　　当該電子記録債権の額、当該電子記録債権の支払期日

⑩　原材料等を親事業者から購入させる場合は、その品名、数
　　量、対価及び引渡しの期日並びに決済の期日及び方法

■ 発注書面が交付されなかったときは

　親事業者が下請法３条の規定に反して発注書面を交付しな
かった場合、50万円以下の罰金が科せられます。なお、親事業
者が発注書面を発行しなかった場合でも、下請契約の成立その
ものに影響はありません。

> **発注書面が交付さ
> れなかったときは**
>
> たとえば、親会社から
> の注文を受けて、子会
> 社が発注書面を受け取
> らないまま作業を行
> い、後になって親会社
> が「口約束をしただけ
> で、発注書面を発行し
> ていないのだから契約
> は無効だ」などと主張
> することはできない。

Column

下請け企業の資金繰り改善と約束手形の廃止

　下請代金の支払に際しては、多くの企業において従来からの取引慣行として、約束手形等による下請代金の支払が行われています。約束手形は、手形の振出人が一定の期日に一定の金額を受取人に対して支払うことを約束した有価証券です。約束手形は、下請事業者が現金を受け取るまでに時間がかかり、中小企業の資金繰りの負担になっている、などの問題があります。

　経産省の資料によると、現金振込のサイトが約50日であるのに対し、約束手形は約100日と現金取引と比べて約2倍の長さになっています。現金の支払期日に約束手形が振り出される取引も多く、その場合は3倍の長さ（約150日）になってしまいます。また、手形は、期日が到来するまでは資金化されません。支払期日前であっても、金融機関に割引料を支払えば、現金化することもできますが、手形を受け取る際には割引料は自社負担になってしまいます。さらに、約束手形の郵送、保管のコスト、紛失の危険もあることなども指摘されています。

　このような状況を踏まえ、経済産業省は2021年2月19日、「約束手形をはじめとする支払条件の改善に向けた検討会」を開催し、2026年をめどに約束手形の利用を廃止する方向で、産業界や金融業界に対して「約束手形の利用の廃止等に向けた自主行動計画」の策定を求めています。

　支払サイトを短くしていくためには約束手形よりも支払サイトの短い決済手段（銀行振込や電子記録債権）への切り替えが必要になります。そのため、今後、大企業が先行して約束手形の利用を廃止し、現金による振込み払いや、全国銀行協会（全銀協）が推進している「でんさい」などの電子記録債権への移行への動きが加速していく可能性もあり、注目されるところです。

巻末　参考資料

課徴金の減免に係る事実の報告及び資料の提出に関する規則

（定義）

第1条　この規則において使用する用語であって、私的独占の禁止及び公正取引の確保に関する法律（昭和22年法律第54号。以下「法」という。）において使用する用語と同一のものは、これと同一の意義において用いるものとする。

（期間の計算）

第2条　期間の計算については、民法（明治29年法律第89号）の期間に関する規定に従う。

2　前項の規定にかかわらず、期間の計算においては、行政機関の休日（行政機関の休日に関する法律（昭和63年法律第91号）第1条第1項各号に掲げる日をいう。次項において同じ。）に当たる日数は算入しない。

3　第1項の規定にかかわらず、期間の末日が行政機関の休日に当たるときは、行政機関の休日に関する法律第2条の規定を適用する。

（用語）

第3条　課徴金の減免に係る事実の報告及び資料の提出の手続（法第7条の4及び第7条の5（これらの規定を法第8条の3において読み替えて準用する場合を含む。）の手続をいう。次項において同じ。）においては、日本語を用いる。

2　前項の規定にかかわらず、課徴金の減免に係る事実の報告及び資料の提出の手続において公正取引委員会（以下「委員会」という。）に提出する資料が日本語で作成されていないものであるときは、当該資料に日本語の翻訳文を添えなければならない。

（調査開始日前の違反行為の概要についての報告）

第4条　法第7条の4第1項第1号又は第2項第1号から第4号まで（これらの規定を法第8条の3において読み替えて準用する場合を含む。以下同じ。）に規定する事実の報告及び資料の提出を行おうとする者（当該違反行為に係る事件についての調査開始日（法第7条の4第1項第1号に規定する調査開始日をいう。）前に同条第4項（法

第8条の3において読み替えて準用する場合を含む。以下同じ。）の規定により共同して事実の報告及び資料の提出を行おうとする者を含む。第6条第1項において同じ。）は、様式第1号による報告書を電子メールを利用して委員会があらかじめ指定した電子メールアドレス（電子メールの利用者を識別するための文字、番号、記号その他の符号をいう。第7条第2項及び第9条第1項第4号において同じ。）宛てに送信することにより委員会に提出しなければならない。

2　電子メールを利用して前項に規定する報告書が提出された場合は、委員会の使用に係る電子計算機（入出力装置を含む。）に備えられたファイルへの記録がされた時に、当該報告書が委員会に提出されたものとみなす。

（提出の順位及び提出期限の通知）

第5条　委員会は、前条第1項に規定する報告書を受理したときは、当該報告書を提出した者に対し、当該報告書の提出の順位並びに様式第2号による報告書による当該違反行為に係る事実の報告及び資料の提出を行うべき期限（次条第1項及び第2項並びに第12条第1項において「提出期限」という。）を通知するものとする。

（調査開始日前の事実の報告及び資料の提出）

第6条　法第7条の4第1項第1号又は第2項第1号から第4号までに規定する事実の報告及び資料の提出を行おうとする者は、提出期限までに、様式第2号による報告書及び資料を委員会に提出しなければならない。

2　前項の場合において、様式第2号の記載事項のうち同様式の「備考」に掲げる事項について口頭による報告をもって当該事項に係る記載に代え、又は、同項の資料のうち口頭による陳述をもって代えることができるものについて口頭による陳述をもって当該資料の提出に代えることにつき、それを必要とする特段の事情があると委員会が認めるときは、当該口頭による報告又は陳述をもって当該事項に係る記載又は当該資料の提出に代えることができる。ただし、口頭による報告又は陳述を行おうとする者が提出期限までに事務総局審査局管理企画課課徴金減免管理官（以下「課徴金減免管理官」という。）に出頭して当該口頭による報告又は陳述をした場合に限る。

3 　前項の場合には、課徴金減免管理官は、当該口頭による報告又は陳述の内容について記録するものとする。

4 　二以上の事業者が、法第7条の4第4項の規定により共同して事実の報告及び資料の提出を行おうとする場合には、前2項による口頭による報告は、当該二以上の事業者が共同して選任した代理人又は当該二以上の事業者のうち第10条後段の規定により連絡先となる事業者がする口頭による報告をもって行うものとする。

（調査開始日以後の事実の報告及び資料の提出）

第7条 　法第7条の4第3項第1号又は第2号（これらの規定を法第8条の3において読み替えて準用する場合を含む。以下同じ。）に規定する事実の報告及び資料の提出を行おうとする者（当該違反行為に係る事件についての調査開始日（法第7条の4第3項の調査開始日をいう。次条において同じ。）以後に法第7条の4第4項の規定により共同して事実の報告及び資料の提出を行おうとする者を含む。）は、次条に規定する期日までに、様式第3号による報告書及び資料を委員会に提出しなければならない。

2 　前項に規定する報告書は、電子メールを利用して委員会があらかじめ指定した電子メールアドレス宛てに送信することにより提出しなければならない。

3 　前条第2項から第4項までの規定は第1項の場合について、第4条第2項の規定は前項の方法により報告書が提出される場合について準用する。この場合において、前条第2項中「提出期限までに」とあるのは「第8条に規定する期日までに」と読み替えるものとする。

（調査開始日以後の事実の報告及び資料の提出を行うべき期限）

第8条 　法第7条の4第3項第1号又は第2号に規定する公正取引委員会規則で定める期日は、当該違反行為に係る事件についての調査開始日から起算して20日を経過した日とする。

（報告書及び資料の提出の方法）

第9条 　第6条第1項に規定する報告書及び資料並びに第7条第1項に規定する資料を提出する場合には、次の各号に掲げるいずれかの方法

により、又はそれらの方法の併用により提出しなければならない。

一　課徴金減免管理官に直接持参する方法

二　課徴金減免管理官に書留郵便、民間事業者による信書の送達に関する法律（平成14年法律第99号）第２条第６項に規定する一般信書便事業者若しくは同条第９項に規定する特定信書便事業者による同条第２項に規定する信書便の役務であって当該一般信書便事業者若しくは当該特定信書便事業者において引受け及び配達の記録を行うもの又はこれらに準ずる方法により送付する方法

三　ファクシミリを利用して委員会があらかじめ指定したファクシミリの番号宛てに送信する方法

四　電子メールを利用して委員会があらかじめ指定した電子メールアドレス宛てに送信する方法

2　前項第3号の方法により報告書及び資料が提出された場合は、委員会が受信した時に、当該報告書及び資料が委員会に提出されたものとみなす。

3　第４条第２項の規定は、第１項第４号の方法により報告書及び資料が提出される場合に準用する。

（共同による事実の報告及び資料の提出）

第10条　法第７条の４第４項の規定により共同して事実の報告及び資料の提出を行おうとする二以上の事業者は、様式第１号、様式第２号又は様式第３号による報告書を、いずれも連名で提出しなければならない。この場合においては、当該二以上の事業者は、当該事実の報告及び資料の提出に関して共同して代理人を選任している場合を除き、連絡先となる一の事業者を定めなければならない。

（事実の報告又は資料の提出の追加を求める書面の送達）

第11条　委員会は、法第７条の４第６項の規定により当該違反行為に係る事実の報告又は資料の提出を追加して求めるときは、その旨を記載した書面を、第６条に規定する報告書及び資料を提出した者又は第７条に規定する報告書及び資料を提出した者に送達しなければならない。

（報告書及び資料の提出の順位等）

第12条　提出期限までに第６条に規定する報告書及び資料を提出した

者が二以上あるときは、これらの者が行った当該報告書及び資料の提出が法第7条の4第1項第1号又は第2項第1号から第3号までに規定する事実の報告及び資料の提出のいずれに該当するかは、第4条第1項に規定する報告書の提出の先後により、これを定める。

2　第8条に規定する期日までに第7条に規定する報告書及び資料を提出した者が二以上あるときは、これらの者に対する法第7条の4第3項第1号の規定の適用の順序は、第7条第1項に規定する報告書の提出の先後により、これを定める。

（法第7条の4第5項の通知の送達）

第13条　委員会は、法第7条の4第5項（法第8条の3において読み替えて準用する場合を含む。以下同じ。）の規定に基づき通知する場合は、文書を送達して行わなければならない。

（協議の申出）

第14条　報告等事業者であって、法第7条の5第1項（法第8条の3において読み替えて準用する場合を含む。以下同じ。）の協議の申出を行おうとする者は、法第7条の4第5項の規定による通知を受けた日（当該通知を受けた事業者が法人である場合において、当該事業者が法第7条の8第3項又は第4項に規定する事由により消滅したときは、当該事業者が当該通知を受けた日）から、同日から起算して10日を経過する日までの間に、次の各号に掲げるいずれかの方法により、様式第4号による申出書を委員会に提出しなければならない。

一　直接持参する方法

二　書留郵便、民間事業者による信書の送達に関する法律第2条第6項に規定する一般信書便事業者若しくは同条第9項に規定する特定信書便事業者による同条第2項に規定する信書便の役務であって当該一般信書便事業者若しくは当該特定信書便事業者において引受け及び配達の記録を行うもの又はこれらに準ずる方法により送付する方法

三　ファクシミリを利用して送信する方法

四　電子メールを利用して送信する方法

2　第9条第2項の規定は、前項第3号の方法により申出書が提出され

る場合に準用する。

3　第4条第2項の規定は、第1項第4号の方法により申出書が提出される場合に準用する。

（特定代理人の資格の証明等）

第15条　特定代理人の資格は、書面でこれを証明しなければならない。

2　特定代理人がその資格を失ったときは、当該特定代理人を選任した報告等事業者は、速やかに、書面によりその旨を委員会に届け出なければならない。

（協議における報告等事業者の説明の内容の記録）

第16条　委員会は、協議における報告等事業者の説明の内容を記録する場合にあっては、その内容について、当該報告等事業者に確認を求めるものとする。

（事件の真相の解明に資する事項）

第17条　法第7条の5第1項に規定する事件の真相の解明に資するものとして公正取引委員会規則で定める事項は、次に掲げる事項とする。

一　違反行為の対象となった商品又は役務

二　違反行為の態様

三　違反行為の参加者

四　違反行為の時期

五　違反行為の実施状況

六　前各号に掲げるもののほか違反行為に係る事項

七　課徴金額の算定の基礎となる額

八　課徴金額の算定率

（法第7条の5第1項の合意等）

第18条　法第7条の5第1項の合意（同条第2項各号に掲げる行為をすることを内容とするものを含む。次条において「合意」という。）は、委員会が作成した正本及び副本のそれぞれに委員会及び報告等事業者（特定代理人を選任した場合にあっては、委員会並びに報告等事業者及び特定代理人）が署名又は記名押印をすることにより行うものとする。

2　前項において署名又は記名押印をした正本については委員会が、同項において署名又は記名押印をした副本については報告等事業者が、保管するものとする。

（評価後割合の上限の割合の決定方法）

第19条　委員会は、評価後割合の上限の割合を合意において定める場合は、100分の5を単位として、特定割合に加算して得た割合が上限割合以下の割合となる割合を、報告等事業者に対し示すものとする。

（二以上の子会社等の共同による行為）

第20条　私的独占の禁止及び公正取引の確保に関する法律施行令（昭和52年政令第317号）第11条第3項の規定により共同して同令第10条第1項第1号及び第4号から第7号までに掲げる行為を行おうとする二以上の子会社等は、次に掲げる場合の区分に応じ、それぞれ次に定める方法により行わなければならない。

一　文書により行う場合　連名で作成した文書による方法

二　口頭により行う場合　当該子会社等のうち一の子会社等が代表して行うことを証明する文書を示して行う方法

2　前項第1号に掲げる場合は、共同して代理人（特定代理人を含む。）を選任している場合を除き、連絡先となる一の子会社等を定めなければならない。

附　則

　この規則は、私的独占の禁止及び公正取引の確保に関する法律の一部を改正する法律（令和元年法律第45号）の施行の日（令和2年12月25日）から施行する。

　附　則（令和2年12月25日公正取引委員会規則第7号）

　この規則は、令和2年12月25日から施行する。

課徴金の減免に係る報告書

年　　月　　日

公正取引委員会　宛

氏名又は名称
住所又は所在地
法人番号
代表者の役職名及び氏名

連絡先部署名
住所又は所在地（郵便番号）
担当者の役職名及び氏名
電話番号
電子メールアドレス

　私的独占の禁止及び公正取引の確保に関する法律第７条の４第１項第１号又は第２項第１号から第４号まで（これらの規定を同法第８条の３において読み替えて準用する場合を含む。）に規定する事実の報告を下記のとおり行います。

　なお，正当な理由なく，下記の報告を行った事実を第三者に明らかにはいたしません。

記

○　報告する違反行為の概要

1　当該行為の対象となった商品又は役務	
2　当該行為の態様	(1)
	(2)
3　開始時期（終了時期）	年　　月（〜　　年　　月まで）

課徴金の減免に係る報告書

年　　月　　日

公正取引委員会　宛

氏名又は名称
住所又は所在地
法人番号
代表者の役職名及び氏名

連絡先部署名
　住所又は所在地（郵便番号）
　担当者の役職名及び氏名
　電話番号
　電子メールアドレス

　私的独占の禁止及び公正取引の確保に関する法律第7条の4第1項第1号又は第2項第1号から第4号まで（これらの規定を同法第8条の3において読み替えて準用する場合を含む。）に規定する事実の報告を下記のとおり行います。

　なお，正当な理由なく，下記の報告を行った事実を第三者に明らかにはいたしません。

記

1　報告する違反行為の概要

(1)　当該行為の対象となった商品又は役務	
(2)　当該行為の態様	ア
	イ
(3)　共同して当該行為を行った他の事業者の氏名又は名称及び住所又は所在地	
(4)　開始時期（終了時期）	年　　月　　日（〜　　年　　月　　日まで）

課徴金の減免に係る報告書

年　　月　　日

公正取引委員会　宛

　　　　　　　　　　　　　　　氏名又は名称
　　　　　　　　　　　　　　　住所又は所在地
　　　　　　　　　　　　　　　法人番号
　　　　　　　　　　　　　　　代表者の役職名及び氏名

　　　　　　　　　　　　　　　連絡先部署名
　　　　　　　　　　　　　　　　住所又は所在地（郵便番号）
　　　　　　　　　　　　　　　　担当者の役職名及び氏名
　　　　　　　　　　　　　　　　電話番号
　　　　　　　　　　　　　　　　電子メールアドレス

　私的独占の禁止及び公正取引の確保に関する法律第７条の４第３項第１号及び第２号
（これらの規定を同法第８条の３において読み替えて準用する場合を含む。）に規定する
事実の報告を下記のとおり行います。

　なお，正当な理由なく，下記の報告を行った事実を第三者に明らかにはいたしません。

記

１　報告する違反行為の概要

（1）当該行為の態様	ア
	イ
（2）共同して当該行為を行った他の事業者の氏名又は名称及び住所又は所在地	
（3）開始時期（終了時期）	年　　月　　日（〜　　年　　月　　日まで）

２　報告者（連名の場合は各報告者）において当該行為に関与した役職員の氏名等

（全部改正）平成15年12月11日公正取引委員会規則第７号
（改正）平成21年６月19日公正取引委員会規則第３号

下請代金支払遅延等防止法（昭和31年法律第120号）第３条の規定に基づき、下請代金支払遅延等防止法第３条の書面の記載事項等に関する規則（昭和60年公正取引委員会規則第３号）の全部を改正する規則を次のように定める。

下請代金支払遅延等防止法第３条の書面の記載事項等に関する規則

第１条 下請代金支払遅延等防止法（以下「法」という。）第３条の書面には、次に掲げる事項を明確に記載しなければならない。

一 親事業者及び下請事業者の商号、名称又は事業者別に付された番号、記号その他の符号であって親事業者及び下請事業者を識別できるもの

二 製造委託、修理委託、情報成果物作成委託又は役務提供委託（以下「製造委託等」という。）をした日、下請事業者の給付（役務提供委託の場合は、提供される役務。以下同じ。）の内容並びにその給付を受領する期日（役務提供委託の場合は、下請事業者が委託を受けた役務を提供する期日（期間を定めて提供を委託するものにあっては、当該期間））及び場所

三 下請事業者の給付の内容について検査をする場合は、その検査を完了する期日

四 下請代金の額及び支払期日

五 下請代金の全部又は一部の支払につき手形を交付する場合は、その手形の金額及び満期

六 下請代金の全部又は一部の支払につき、親事業者、下請事業者及び金融機関の間の約定に基づき、下請事業者が債権譲渡担保方式（下請事業者が、下請代金の額に相当する下請代金債権を担保として、

金融機関から当該下請代金の額に相当する金銭の貸付けを受ける方式）又はファクタリング方式（下請事業者が、下請代金の額に相当する下請代金債権を金融機関に譲渡することにより、当該金融機関から当該下請代金の額に相当する金銭の支払を受ける方式）若しくは併存的債務引受方式（下請事業者が、下請代金の額に相当する下請代金債務を親事業者と共に負った金融機関から、当該下請代金の額に相当する金銭の支払を受ける方式）により金融機関から当該下請代金の額に相当する金銭の貸付け又は支払を受けることができることとする場合は、次に掲げる事項

イ　当該金融機関の名称

ロ　当該金融機関から貸付け又は支払を受けることができることとする額

ハ　当該下請代金債権又は当該下請代金債務の額に相当する金銭を当該金融機関に支払う期日

七　下請代金の全部又は一部の支払につき、親事業者及び下請事業者が電子記録債権（電子記録債権法（平成19年法律第102号）第2条第1項に規定する電子記録債権をいう。以下同じ。）の発生記録（電子記録債権法第15条に規定する発生記録をいう。）をし又は譲渡記録（電子記録債権法第17条に規定する譲渡記録をいう。）をする場合は、次に掲げる事項

イ　当該電子記録債権の額

ロ　電子記録債権法第16条第1項第2号に規定する当該電子記録債権の支払期日

八　製造委託等に関し原材料等を親事業者から購入させる場合は、その品名、数量、対価及び引渡しの期日並びに決済の期日及び方法

2　前項第4号の下請代金の額について、具体的な金額を記載することが困難なやむを得ない事情がある場合には、下請代金の具体的な金額を定めることとなる算定方法を記載することをもって足りる。

3　法第3条第1項ただし書の規定に基づき、製造委託等をしたときに書面に記載しない事項（以下「特定事項」という。）がある場合には、特定事項以外の事項のほか、特定事項の内容が定められない理由及び

特定事項の内容を定めることとなる予定期日を、製造委託等をしたときに交付する書面（以下「当初書面」という。）に記載しなければならない。

第2条 法第3条第2項の公正取引委員会規則で定める方法は、次に掲げる方法とする。

一 電子情報処理組織を使用する方法のうちイ又はロに掲げるもの

イ 親事業者の使用に係る電子計算機と下請事業者の使用に係る電子計算機とを接続する電気通信回線を通じて送信し、受信者の使用に係る電子計算機に備えられたファイルに記録する方法

ロ 親事業者の使用に係る電子計算機に備えられたファイルに記録された書面に記載すべき事項を電気通信回線を通じて下請事業者の閲覧に供し、当該下請事業者の使用に係る電子計算機に備えられたファイルに当該事項を記録する方法（法第3条第2項前段に規定する方法による提供を受ける旨の承諾又は受けない旨の申出をする場合にあっては、親事業者の使用に係る電子計算機に備えられたファイルにその旨を記録する方法）

二 磁気ディスク、シー・ディー・ロムその他これらに準ずる方法により一定の事項を確実に記録しておくことができる物をもって調製するファイルに書面に記載すべき事項を記録したものを交付する方法

2 前項に掲げる方法は、下請事業者がファイルへの記録を出力することによる書面を作成することができるものでなければならない。

3 第1項第1号の「電子情報処理組織」とは、親事業者の使用に係る電子計算機と、下請事業者の使用に係る電子計算機とを電気通信回線で接続した電子情報処理組織をいう。

第3条 下請代金支払遅延等防止法施行令（平成13年政令第5号）第2条第1項の規定により示すべき方法の種類及び内容は、次に掲げる事項とする。

一 前条第1項に規定する方法のうち親事業者が使用するもの

二 ファイルへの記録の方式

第4条 第1条第1項各号に掲げる事項が一定期間における製造委託等

について共通であるものとしてこれを明確に記載した書面によりあらかじめ下請事業者に通知されたときは、当該事項については、その期間内における製造委託等に係る法第3条の書面への記載は、その通知したところによる旨を明らかにすることをもって足りる。

2 　法第3条第2項の規定に基づき書面の交付に代えて電磁的方法により提供する場合には、第1条第1項各号に掲げる事項が一定期間における製造委託等について共通であるものとして、あらかじめ、書面により通知され、又は電磁的方法により提供されたときは、当該事項については、その期間内における製造委託等に係るファイルへの記録は、当該事項との関連性を確認することができるよう記録することをもって足りる。

第5条 　法第3条第1項ただし書の規定に基づき、特定事項の内容を記載した書面を交付するときは、当初書面との関連性を確認することができるようにしなければならない。

附則

1 　この規則は、平成16年4月1日から施行する。

2 　この規則による改正後の下請代金支払遅延等防止法第3条の書面の記載事項等に関する規則の規定は、この規則の施行前にした下請代金支払遅延等防止法の一部を改正する法律（平成15年法律第87号）による改正後の下請代金支払遅延等防止法第2条第1項の製造委託（金型の製造に係るものに限る。）、同条第3項の情報成果物作成委託及び同条第4項の役務提供委託に該当するものについては、適用しない。

3 　この規則の施行前にした製造委託又は修理委託については、なお従前の例による。

附則

この規則は、平成21年6月19日から施行する。

注　文　書

令和○年○月○日

_____ 殿

○○○株式会社

品名及び規格・仕様等

納　期	納入場所	検査完了期日

数量(単位)	単価(円)	代金(円)	支払期日	支払方法

○　本注文書の金額は，消費税・地方消費税抜きの金額です。支払期日には法定税率による消費税額・地方消費税額分を加算して支払います。

注 文 書

令和○年○月○日

_____ 殿

○○○株式会社

品名及び規格・仕様等

納　期	納入場所	検査完了期日

支払期日	支払方法

○　本注文書の金額は，消費税・地方消費税抜きの金額です。支払期日には法定税率による消費税額・地方消費税額分を加算して支払います。

○　代金については，別添の単価表に基づき算定された金額に，作成に要した交通費，○○費，○○費の実費を加えた額を支払います。

（別添：作業内容・時間に応じて代金を支払う場合の単価表の記載例）

パターン	内容等	単価	
1	基本作業○○		円
2	ランクＡ技術者	1 Ｈ	円
3	ランクＢ技術者	1 Ｈ	円
4	ランクＣ技術者	1 Ｈ	円

支払代金通知書

令和〇年〇月〇日

_____殿

〇〇〇株式会社

〇月分の_____代金は下記のとおりとなりましたので，通知します。

内　　容	単　　価	数	代　　金

合　　計	
消費税等	
支 払 額	

資料 汎用的な３条書面の例③当初書面の記載例

<table>
<tr><td colspan="3" align="center">注 文 書</td></tr>
<tr><td colspan="3" align="right">令和○年○月○日</td></tr>
<tr><td>_____ 殿</td><td></td><td></td></tr>
<tr><td colspan="3" align="right">○○○株式会社</td></tr>
<tr><td colspan="3">品名及び規格・仕様等
　品名「○○」
　詳細仕様は未定（後日交付する「○○仕様書」による。）</td></tr>
<tr><td>納　期
　未定</td><td>納入場所
　弊社本社○○課</td><td>検査完了期日
　納品後○日</td></tr>
<tr><td>代金(円)
　未定</td><td>支払期日
　毎月○日納品締切
　翌月○日支払</td><td>支払方法
　全額現金払</td></tr>
</table>

- 未定の事項の内容が定められない理由　　ユーザーの仕様が未確定
- 未定の事項の内容を定めることとなる予定期日　令和○年○月○日

資料 汎用的な３条書面の例③補充書面の記載例

<table>
<tr><td colspan="3" align="center">注 文 書</td></tr>
<tr><td>_____ 殿</td><td></td><td></td></tr>
<tr><td colspan="3" align="right">○○○株式会社</td></tr>
<tr><td colspan="3">品名及び規格・仕様等
　「○○仕様書」のとおり</td></tr>
<tr><td>納　期
　令和○年○月○日</td><td>納入場所</td><td>検査完了期日</td></tr>
<tr><td>代金(円)
　○○○○円</td><td>支払期日</td><td>支払方法</td></tr>
</table>

- 本注文書の金額は，消費税・地方消費税抜きの金額です。支払期日には法定税率による消費税額・地方消費税額分を加算して支払います。
- 本注文書は，令和○年○月○日付け注文書の記載事項を補充するものです。

資料 汎用的な３条書面の例（共通記載事項がある場合）

注　文　書

令和〇年〇月〇日

_____ 殿

〇〇〇株式会社

品名及び規格・仕様等

納　期	納入場所

数量(単位)	単価(円)	代金(円)

- ・　本注文書の金額は，消費税・地方消費税抜きの金額です。支払期日には法定税率による消費税額・地方消費税額分を加算して支払います。
- ・　支払期日・方法等は現行「支払方法等について」によります。

令和〇年〇月〇日

_____ 殿

〇〇〇株式会社

支払方法等について

　当社が今後発注する場合の支払方法等については下記のとおりとしたいので，御承諾ください。
なお，御承諾の場合は，御連絡ください。

記

1　支払制度　　　　　納品毎月〇日締切　翌月〇日払

2　支払方法　　　　　支払総額〇円未満現金

　　　　　　　　　　　〃　　〇円以上　┌　現金〇%
　　　　　　　　　　　　　　　　　　　│　手形〇%　手形期間〇日
　　　　　　　　　　　　　　　　　　　│　一括決済方式〇%
　　　　　　　　　　　　　　　　　　　│　（金融機関名　決済は支払期日から起算して〇日目）
　　　　　　　　　　　　　　　　　　　│　電子記録債権〇%
　　　　　　　　　　　　　　　　　　　└　（決済は支払期日から起算して〇日目）

　　　　　　　　　　なお，現金による支払は金融機関への口座振込によります。支払期日が金融
　　　　　　　　　機関の休業日に当たる場合，順延期間が2日以内の場合には当該金融機関の翌
　　　　　　　　　営業日に支払います。振込手数料については，当社が負担するものとします。

3　検査完了期日　　　納品後〇日

4　実施期間　　　　　令和〇年〇月〇日から，本通知の内容に変更があり新たに通知するまでの間
　　　　　　　　　　（新たな通知の実施期間の開始日の前日まで）

以上

製造委託の3条書面の例（規則で定める事項を1つの書式に含めた場合）

注　文　書

令和〇年〇月〇日

_____ 殿

〇〇〇株式会社

注番	注文年月日	納期	納入場所

品名・規格			数量(単位)	単価(円)	金額(円)

原材料 支給なし 有償 無償	有償支給原材料の品名	原材料引渡日	数量(単位)	単価(円)	金額(円)

検査完了期日	支払期日	支払方法	有償支給原材料代金の決済期日及び決済方法

〇　本注文書の単価は，消費税・地方消費税抜きの単価です。支払期日には法定税率による消費税額・地方消費税額分を加算して支払います。

注：　「有償支給原材料代金の決済期日及び決済方法」欄には，有償支給原材料代金の決済期日及びその方法を記入する。決済制度を記入しても差し支えない。

　（例）　　ア．決済期日及び決済方法

　　　　　　　　支給原材料のうち，製品として納入された分について，その下請代金の支払期日に控除

　　　　　　イ．納品分の下請代金支払時にその使用原材料分を控除

　（悪い例）　毎月〇日買掛金と相殺【有償支給原材料の締切日があいまいである。】

※　その他については，汎用的な3条書面の例（書式例1）の注に同じ。

資料 役務提供委託の3条書面の例（規則で定める事項を1つの書式に含めた場合）

作 業 依 頼 書

_____ 殿

○○○株式会社

注文年月日	委託内容		委託期間（日）

場所	代金(円)	検査完了期日	支払期日	支払方法

○　本注文書の金額は，消費税・地方消費税抜きの金額です。支払期日には法定税率による消費税額・地方消費税額分を加算して支払います。

注：1　下請代金については，本体価格だけでなく，消費税及び地方消費税（以下「消費税等」という。）の額も明示することが望ましく，例えば以下のような記載方法がある。

　　①　本体価格と消費税等額分を区分してそれぞれの額を記載する。

　　②　本体価格を記載するとともに同単価に消費税等額分（基本的には，消費税等の税率を乗じて算出した額）を加算した額を下請代金として支払う旨を記載する。

　　また，いわゆる内税方式として消費税等込みの下請代金を記載する場合には，その旨を明確に記載する必要がある。

　　2　それぞれの記載事項についての留意点や記載例は，以下のとおり。

『委託期間（日）』　役務を提供する期間（日）を具体的に記入する。

　　（例）　　○月○○日〜○月○○日

『場所』　役務を提供する場所を具体的に記入する。

　　（例）　　ア．ビルメンテナンスの委託の場合…㈱○○本社ビル

　　　　　　イ．イベントの委託の場合…日比谷公会堂

　　　　　　ウ．情報処理サービスの委託の場合…弊社本社○○課

　　なお，委託内容に委託場所が記されている場合には，委託場所の記載は不要である。

　　（例）　　運送の委託の場合…

　　　　　　委託内容：貨物積込先　○○㈱（○○区○○町所在）→取卸先　△△㈱（△△市△△町所在）

　　また，委託内容から場所の特定が不可能な委託内容の場合には，場所の記載は要しない。

　　（例）　　委託内容：○○商品のサポートサービス業務（場所が記載できない。）

『委託内容』　委託内容が十分に理解できるように記入する（仕様書等の別に詳細に内容を記した書面を交付している場合は，そのことを付記する。）。

【監修者紹介】

岩﨑　崇（いわさき　たかし）

1986年生まれ。神奈川県横浜市出身。首都大学東京都市教養学部法学系卒業、慶應義塾大学法科大学院修了。2012年弁護士登録。裁判にしない交渉によるスピード解決と、トラブル予防の仕組みづくりを強みとし、中小企業向け企業法務、顧問弁護士業務を展開。法令違反の調査にとどまらず、法令を遵守しつつ事業目的を実現するための提案とわかりやすい説明に定評がある。経営者向けセミナー開催、東洋経済オンライン等記事執筆実績多数。慶應義塾大学法科大学院助教。

●未来創造弁護士法人
横浜市西区北幸1-11-15 横浜STビル7階
電話045-624-8818
https://www.mirai-law.jp/

図解で早わかり
最新　独占禁止法・景表法・下請法

2021年8月30日　第1刷発行

監修者	岩﨑崇	
発行者	前田俊秀	
発行所	株式会社三修社	
	〒150-0001　東京都渋谷区神宮前2-2-22	
	TEL　03-3405-4511　FAX　03-3405-4522	
	振替　00190-9-72758	
	https://www.sanshusha.co.jp	
	編集担当　北村英治	
印刷所	萩原印刷株式会社	
製本所	牧製本印刷株式会社	

©2021 T. Iwasaki Printed in Japan
ISBN978-4-384-04874-2 C2032